フェルト羊毛でめぐる
小さな世界旅行
SMALL WORLD by FELT

須佐沙知子

日本ヴォーグ社

フェルト羊毛でめぐる
小さな世界旅行
SMALL WORLD by FELT

CONTENTS

オランダ	「風車と女の子」	……4 ページ
中国	「パンダ3兄弟」	……6 ページ
オーストラリア	「コアラの親子」	……8 ページ
オーストラリア	「カンガルーの親子」	……10 ページ
ニュージーランド	「羊の丘」	……11 ページ
ロシア	「マトリョーシカ4人娘」	……12 ページ
アメリカ	「ハンバーガーとドーナツのストラップ」	……13 ページ
メキシコ	「サボテンとサル」	……14 ページ
インド	「祭りの日のゾウ」	……16 ページ
パラオ	「熱帯魚のモビール」	……18 ページ

小さい子たち集合 どこにいるか、探してね……20 ページ

イタリア	「ゴンドラとうさぎ」	……22 ページ
フィンランド	「サンタクロースとプレゼント」	……24 ページ
フィンランド	「小さなおうちの四季」	……26 ページ
カナダ	「森とくま」	……27 ページ
ドイツ	「テディベアとお城」	……28 ページ
フランス	「パリ・ストラップ」	……30 ページ
イギリス	「ロンドン・ストラップ」	……31 ページ

世界中へ 手の平にのる小さな旅……32 ページ
フェルト羊毛いろいろ……34 ページ
lesson 台座つきのお城を作りましょう……36 ページ
lesson テディベアを作りましょう……38 ページ
lesson 何でもストラップ……40 ページ
lesson フェルト羊毛の旅に出る前に……41 ページ
作り方……42 ページ

フェルトの国の小さな世界を作りました。
1つ作品を作るたびに、少しずつ世界が広がって、
制作中は楽しい旅をしているようでした。
フェルト羊毛はニードル1本でさまざまな形に生まれ変わります。
それは、動物や人形に留まらず、家やお城も作り出してくれました。
フェルト羊毛の持つあたたかさが作品にいかされて、
優しさやかわいさを、みなさんにお伝えできたら、うれしい限りです。

須佐沙知子

HOT LINE ホットライン

この本に関するご質問は、お電話またはWebで
書名／フェルト羊毛でめぐる 小さな世界旅行
本のコード／NV 70039
担当／エヌ・ヴィ企画　青木久美子
TEL ／ 03-5228-5642（平日13：00〜17：00受付）
webサイト「日本ヴォーグ社の本」http://book.nihonvogue.co.jp/
＊サイト内（お問い合わせ）からお入りください。（終日受付）
（注）webでのお問い合わせはパソコン専用となります。

※ 本誌に掲載の作品を、複製して販売（店頭、ネットオークション等）することは禁止されています。手づくりを楽しむためにのみご利用ください。

オランダ HOLLAND

「風車と女の子」作り方／44ページ

お花を絶やさず、窓辺を美しく飾るオランダの家々。
可憐に咲き誇るチューリップの間から、
女の子が道行く人に微笑みかけます。「ようこそオランダへ」

「Hallo」ハロー

中国 CHINA

「パンダ3兄弟」作り方／46ページ

中国の親善大使として、世界中の人たちを楽しませてくれるジャイアントパンダ。
ごろごろ、ぐるぐる、その愛らしさといったら、世界一かもしれません。
彼らは甘えん坊で、遊び好きで、ちょっと気難しやさん。

「你好」ニイハオ

オーストラリア AUSTRALIA

「コアラの親子」 作り方／48 ページ

コアラは、オーストラリアだけに生息する動物。
栄養はすべてユーカリの葉から取るのだというから驚きです。
赤ちゃんコアラは、まだママのおっぱいね。

🇦🇺 「Hello」 ハロー

🇦🇺 **AUSTRALIA**

「カンガルーの親子」作り方／50ページ

日本ではほとんど、見ることのできない南十字星ですが、
オーストラリアでは、とっても身近な存在。
満天の星に見守られて、おかあさんの袋の中で今夜もぐっすり。

ニュージーランド NEW ZEALAND

「Hello」ハロー

「羊の丘」 作り方／52ページ

ニュージーランドは自然に恵まれ、動物と人間が共生する心豊かな国。
そこで、すくすくと育った羊たちから生まれる羊毛は、
私たちへの贈り物です。感謝。

post mail

ロシア RUSSIA

「Здравствуйте」ズドラストヴゥイテェ

「マトリョーシカ4人娘」作り方／53ページ

ロシアのお土産といえば、マトリョーシカ。
あの手づくりのぬくもりが伝わる素朴な風合いが魅力です。
フェルト羊毛で作った須佐流の4人娘は美人揃いでしょ。

12 SMALL WORLD by FELT

アメリカ USA

🇺🇸「Hello」ハロー

「ハンバーガーとドーナツのストラップ」作り方／54ページ

アメリカの食文化といえば、ファストフード。
ボリュームでいえば、日本はかないませんが、味も形も引けはとりません。
こんな小さなハンバーガーやドーナツは作るのもファスト。

13

メキシコ MEXICO

「サボテンとサル」作り方／56 ページ
サボテンが林立するワイルドな砂漠を通り抜けると
陽気なおサルさんがお出迎え！
冒険旅行も、ちょっと一休みねっ。

🇲🇽 「Hola」オーラ

post mail

15

インド INDIA

「祭りの日のゾウ」 作り方／58 ページ

春が訪れを告げる頃、北インドの町でゾウ祭りが開催されます。
インドでは商売繁盛、福を呼ぶ神様とされているゾウさん。
この日は彼女たちもドレスアップ、大切な日を祝います。

🇮🇳 「Namaste」 ナマステ

post mail

パラオ PALAU

「熱帯魚のモビール」作り方／55ページ

限りなく青く、静寂な海の中にも生命は息づいています。
言葉を交わさなくても、カラフルな魚たちの歓待は伝わりますね。
揺れるように泳ぐ彼らが、究極のリラクゼーションを体験させてくれます。

「Alli」アリィ

小さい子たち集合 〔 どこにいるか、探してね 〕

SMALL WORLD by FELT

21

イタリア ITALY

🇮🇹 「Buon giorno」 ブォンジョルノ

「ゴンドラとうさぎ」作り方／60ページ

大小の運河が網目のように広がるベネチア。
ロマンチックな旅の水先案内人はハンサムなうさぎさん。
ゴンドラに揺られながら、迷宮の街を進みます。

post mail

23

フィンランド FINLAND

「サンタクロースとプレゼント」作り方／62ページ

ヨーロッパへの旅の好感度、ナンバーワンに選ばれているフィンランド。
サンタさんが多大に貢献しているのは、間違いありませんね。
今年も、世界中の子どもたちがプレゼントを待っています。

post mail

🇫🇮「Hyvääpäivää」ヒュバーパイヴァー

FINLAND

「小さなおうちの四季」 作り方／64ページ

森の囲まれたフィンランドの家は、ログハウスが一般的。
厳しい冬をいかに快適に過ごすかという叡智が込められています。
窓からもれる光に、幸せなぬくもりが伝わってきます。

カナダ CANADA

「Hello」ハロー

「森とくま」作り方／66ページ

ロシアに次ぎ、世界で2番目の広さを持つカナダ。
どの都市も美しい自然に囲まれ、アウトドアライフを満喫できます。
やんちゃなくまさんも、森でお待ちしています。スキーにする、トレッキングにする？

ドイツ GERMANY

「テディベアとお城」作り方／67・68 ページ

130 年も前に誕生したテディベア。
職人さんが一体ずつ手づくりをし、ドイツのトップブランドとなりました。
古城から小さなベアまで、奥の深いヨーロッパを代表する国の一つですね。

「Guten tag」グーテンターク

29

フランス FRANCE

「Bonjour」ボンジュール

「パリ・ストラップ」作り方／70 ページ
「鉄の貴婦人」と異名を持つエッフェル塔。
いろいろなモチーフが出ていますが、このストラップはふわふわ。
世界一やわらかいエッフェル塔はいかが？

イギリス UK

🇬🇧 「Hello」 ハロー

「ロンドン・ストラップ」作り方／71ページ

重厚な歴史を持つロンドンは、最新の流行を発信するエキサイティングな街でもあります。
女王様を護衛する堅物の衛兵さんも、愛らしく変身。
最先端の都市は何でもありで魅力的。

世界中へ 「手の平にのる小さな旅」

post mail

小さな世界旅行は、とってもカンタン。
訪ねた国、これから行きたい国、想像をふくらませて、ちくちく。
手の中を見つめながら、心は世界へ飛んでいきます。

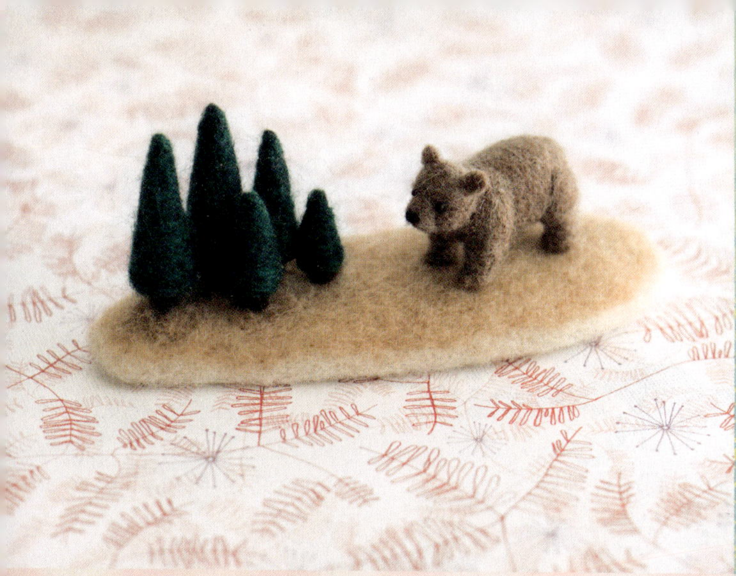
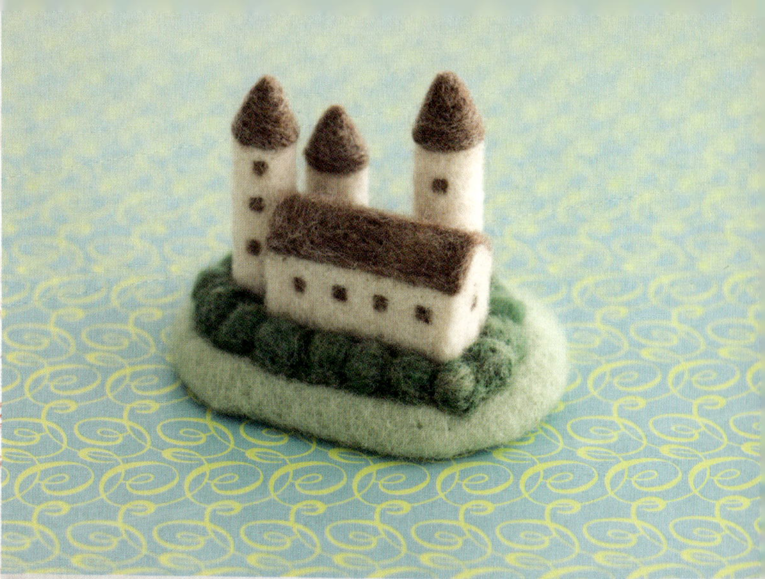
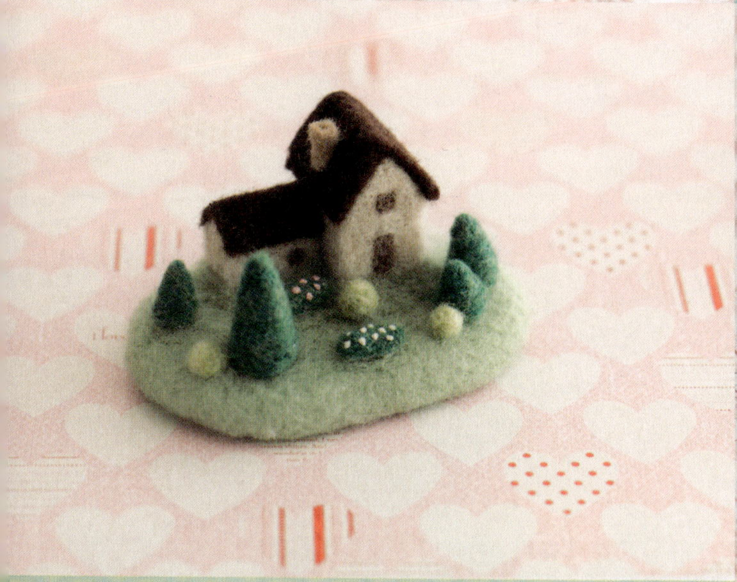
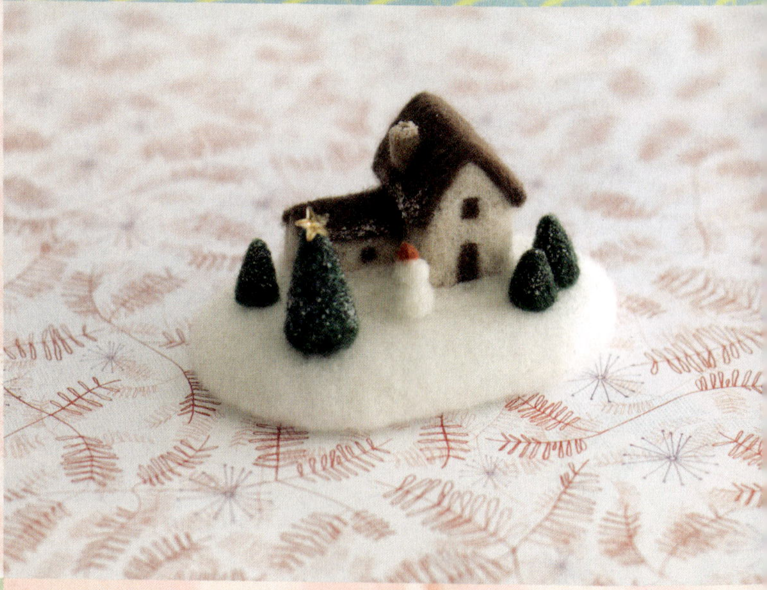
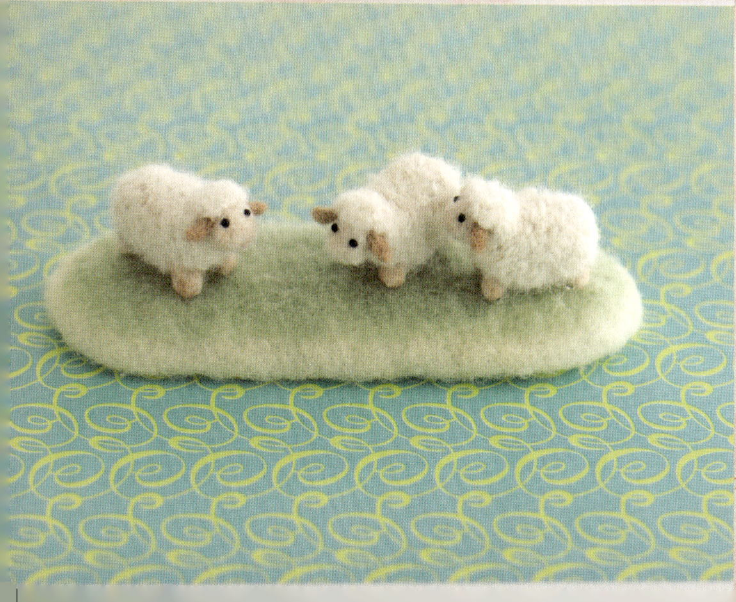
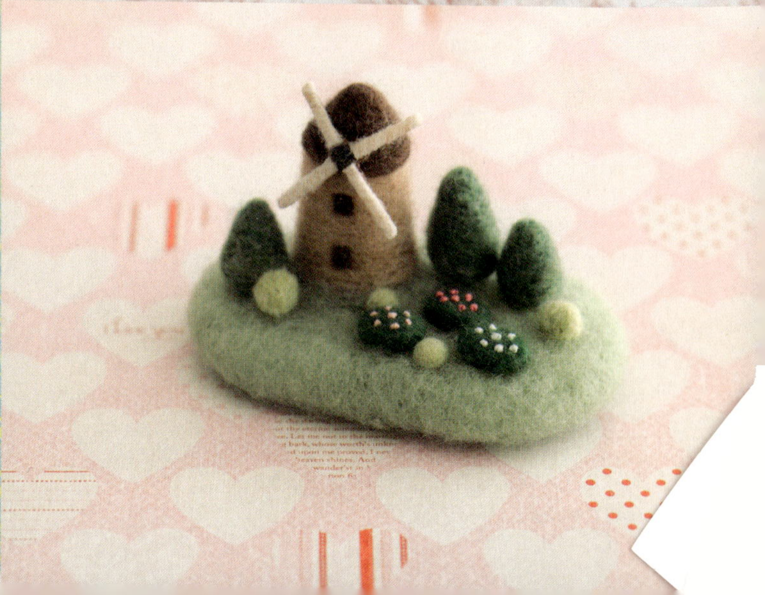

フェルト羊毛いろいろ
この本で使用したフェルト羊毛をご紹介します

ソリッド 様々な作品に幅広く使える、メリノウール100％のスタンダードタイプ

35色
H440-000-□
¥399（¥380）
50g

1 白	21 ペールイエロー	35 黄色	45 レモンイエロー	5 山吹色	16 濃いオレンジ
36 ペールピンク	37 サーモンピンク	2 ローズ	24 えんじ	25 薄紫	26 紫
44 水色	38 空色				
7 ライトブルー	4 青	39 紺	40 緑	46 オリーブグリーン	43 ペールグリーン
33 ライトグリーン	3 うぐいす色				
29 ベージュ	41 茶色	31 こげ茶	9 黒		

ミックス 同系色のメリノウールを適度にミックスし、ニュアンスを出しました

15色
H440-002-□
¥473（¥450）
50g

201 黄色	202 ピンク	203 緑	213 黄緑	206 赤茶	220 栗色	217 ペールブルー

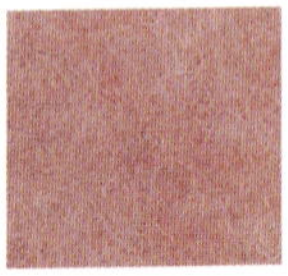

カラードウール シェットランド 
しなやかさとコシの強さを兼ね備えた、英国の代表的な羊毛
H440-007-712
¥399（¥380）
30g

フェルティングヤーン ループ 
刺しとめると、カールしたようなモコモコの風合いになります
H441-112-1
生成
¥336（¥320）
約10m

ナチュラル メリノ 
ウールの代名詞的な存在であるメリノ。繊維も細く、ソフトな風合いです
H440-003-303
¥546（¥520）
100g

ナチュラル ファインメリノ 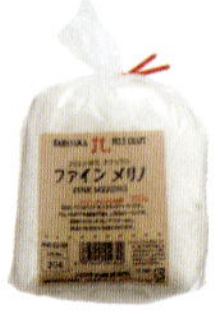
メリノの中でも白度が高く、繊維も細い、上質なウールです
H440-003-304
¥620（¥590）
100g

*価格はすべて2010年5月現在のものです　*（　）内は本体価格

ナチュラルブレンド　英国羊毛とメリノをブレンド。自然な色合いを持ち、幅広い用途に使えます

6色
H440-008-□
¥515（¥490）
40g

| 802 ベージュ |  803 淡茶 |  804 茶色 | 805 グレー |  806 濃グレー |

ナチュラルブレンド ハーブカラー　ナチュラルブレンドの中で、特にハーブの色合いを意識したカラー群

6色
H440-008-□
¥515（¥490）
40g

| 811 クリーム |  814 サーモンピンク |

ナチュラルブレンド シャーベットカラー　ナチュラルブレンドの中で、特にシャーベット色を意識したカラー群

6色
H440-008-□
¥515（¥490）
40g

| 821 黄色 |  822 オレンジ |  824 ミントグリーン |  825 青緑 |

フェルケット ソリッド Mサイズ　簡単に厚みの調整ができる、シート状に仕立てた羊毛

20色
H442-003-□
¥410（¥390）
約25×50cm

| 301 クリーム |  306 淡緑 | 316 白 |

フェルケット ナチュラルミックス Mサイズ　同系色のウールを混ぜてニュアンスを出したシートタイプ

6色
H442-004-□
¥483（¥460）
約25×50cm

| 401 生成り | 402 ベージュ |  403 キャメル |

ニードルわたわた

軽く刺すだけですぐまとまるので、作品のベースに最適です
H440-003-310
¥399（¥380）
50g

台座つきのお城を作りましょう　作り方／68ページ

台座

1　ちくちくするとき下に敷くフェルティングマット。ここでは台座に使います。
フェルティング用マット
H441-015　￥210（￥200）

2　厚紙で型紙をとり、フェルティングマットにボールペンで印をつけます。

3　カッターで厚さ8mmに切り、上部のみ角も落とします。

4　台座の元ができました。

5　シート状のフェルケットを適当な大きさに切ります。

6　マットの表を下にして、裏の中心にフェルケットを集めてちくちく。

7　余分なフェルケットは、はさみで切ります。

8　ニードルで全体を刺して、フェルケットがはがれないようにします。

三角屋根の家

9　フェルティングマットを家の形にカット。

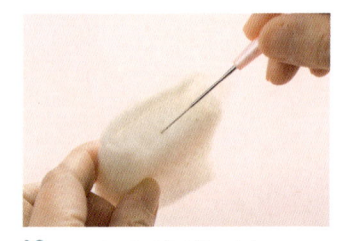

10　フェルケットで包み込みます。

11　余分なフェルケットは、はさみでカットして、ニードルで刺してなじませます。

12　同様にフェルケットで包んで、ちくちく。

塔

13　3回くり返します。角が丸くなった場合は、羊毛を足して調整します。

14　屋根は羊毛をちぎり、少しずつのせてちくちく。

15　フェルケットを塔の幅に切ります。

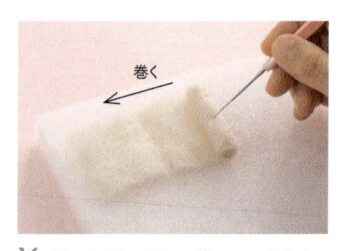

16　刺しながら、固めに巻いていきます。

36　SMALL WORLD by FELT

17 片側のへりを切り、円すい形にします。

18 切ったところ。

19 羊毛をちぎり、少しずつのせて塔の先を作ります。

20 4隅がはっきり出るように、窓をちくちく。

まとめ

21 それぞれのパーツができました。

22 手芸用ボンドでパーツを組み立てます。

23 底に手芸用ボンドをつけて、台座にのせます。

デコレーション

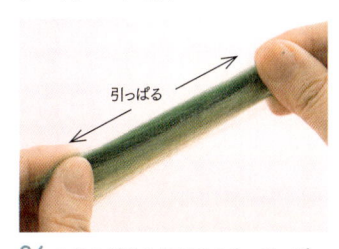

24 2色の羊毛を混ぜるため、引っぱってちぎります。

25 重ねます。

26 「引っぱり、重ねる」をくり返します。

27 適量をちぎり、マットの上でまとめます。

28 周囲にこんもりとのせていきます。

29 完成しました。

オリジナルも作ってみてくださいね。

37

テディベアを作りましょう　作り方／67ページ

パーツを作る

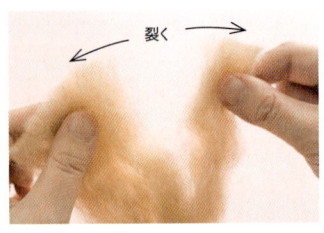

1 それぞれ、はさみを使わないで、手で羊毛を裂きます。

2 胴体と頭は、くるくる丸めながらニードルでちくちく。

3 足のかたちにまとめます。

4 羊毛を巻いてボリュームを出します。

5 足のつけ根はふわふわを残しておきます。

6 耳もつけ根はふわふわを残しておきます。

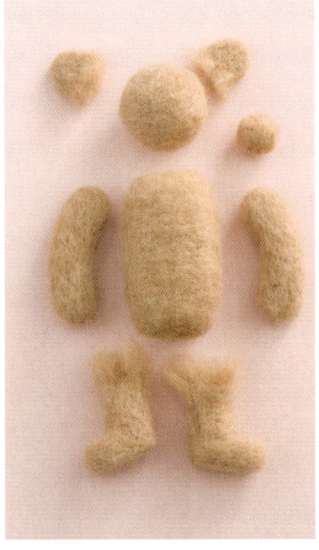

7 腕は、テディベアらしさを出すため、ふわふわを残しません。

まとめ

8 頭と胴体をニードルを刺してつなげます。

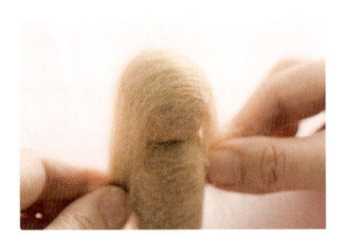

9 頭から胴体に羊毛をかぶせます。

10 つなぎ目が目立たなくなるように、ちくちく。

11 羊毛を違う方向にのせて、ちくちく。

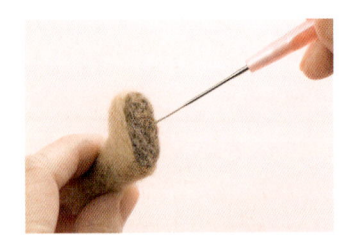

塔

12 足の裏に色の濃い羊毛を重ねます。

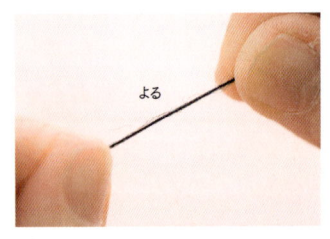

13 つめは少量の羊毛をよって細くします。

14 線を描くように、ていねいにちくちく。

15 余分な部分は、はさみでカット。

16 足は胴体に直角につけ、羊毛を重ねてつなぎ目を目立たなくします。

17 お座りができるようにつけます。

18 腕は手芸ボンドで胴体につけます。

19 ボンドが乾いたら、ニードルを刺してさらにちくちく。

20 顔もつなぎ目を目立たなくします。

21 耳の根元のふわふわを広げます。

22 羊毛をのせて、自然なつながりに。

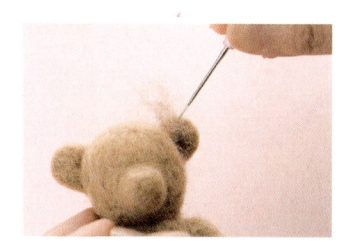

23 耳に濃い色を重ねます。

まとめ

24 鼻はフェルティングマットの上で形成します。

25 目の位置を決めたら、目打ちで穴をあけます。

26 ソリッドアイの先にボンドをつけて刺します。

27 口は羊毛をよって線を描くように、ていねいにちくちく。

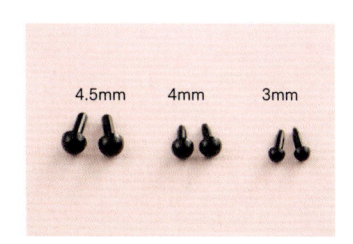

お気に入りのポーズを見つけてください。

ソリッドアイ
4.5mm　4mm　3mm
各6ヶ1組　¥105（¥100）

手芸用クラフトボンド
H464-003　¥420（¥400）
＊（　）内は本体価格

何でもストラップ

ベース作り

1 ニードルわたわたを軽く刺していきます。

2 簡単にまとまり、ベース作りに便利です。

3 ストラップをつけるものを準備。

4 丈夫な糸を通して2本どりにし、下から上へ刺します。

ストラップつけ

5 ふとん針のような、長い丈夫な針がおすすめです。

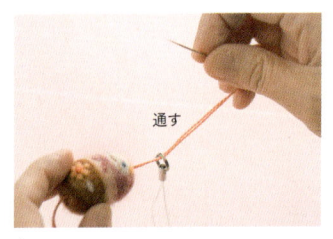

6 ストラップを通します。

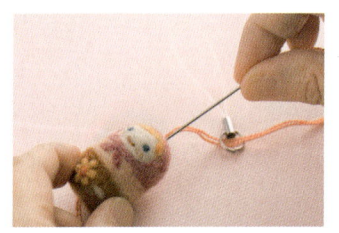

7 針を頭の同じ位置に戻します。

8 刺し始めの位置に針を戻します。

9 固結びをします。

10 糸を切ります。

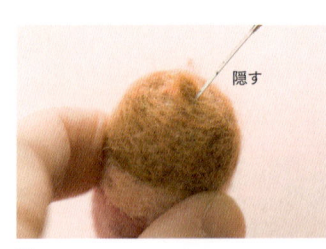

11 羊毛をのせて、結び目を隠します。

12 ストラップがつきました。

たくさん作ってくださいね。

金具付ストラップコード
黒・金　H230-124-1
白・銀　H230-124-3
各1ヶ　¥158（¥150）

＊（ ）内は本体価格

フェルト羊毛の旅に出る前に

［ニードルの選び方］
ニードルには、1本タイプや2本タイプなど、いろいろな種類があります。
基本は1本タイプのものです。2本3本タイプは成形のスピードアップを可能にします。
また、太さの違いもあり、細いものは仕上げ用、太いものはパーツ作りに向いています。柄付きのものは疲れにくいので、長時間の作業に最適です。

［刺し方のコツ］
私は羊毛フェルトをニードルで刺すとき、「ゆっくり丁寧」を心がけています。
あまり速く刺すと、すぐに疲れてしまいます。
また、指を刺す危険も高くなるので、気持ちにゆとりをもって、ゆっくり刺しましょう。

［仕上げの固さ］
羊毛はニードルで刺すほど固く仕上がります。
作品にあわせて固さの調整をするとよいでしょう。
基本的に好みの固さでよいのですが、ストラップは持ち歩くので、しっかり刺し固めましょう。
また、動物の足も体を支えるので固めに刺してください。

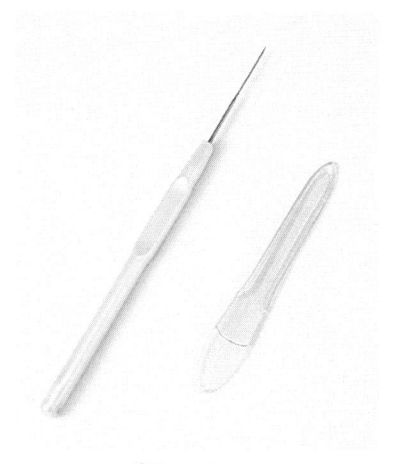

フェルティング用 ハンドニードル
私のお気に入りのニードル
H441-017　￥504（￥480）

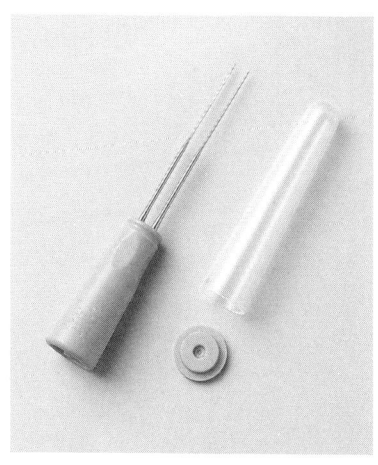

フェルティング用 ニードルホルダー
交換式で、2本セットすれば、スピードアップ
H441-032　￥651（￥620）

「万国旗を持つくま」
目次の作品

くま…高さ 6cm

[材料] ハマナカフェルト羊毛　ナチュラルブレンド　淡茶(803) 4g、茶色(804)、ベージュ(802)各少々、ソリッド　ライトブルー(7)少々
[その他] ハマナカソリッドアイ　直径 3mm　黒 2個

ふうせん…長さ 6cm

[材料] ハマナカフェルト羊毛　ナチュラルブレンド　シャーベットカラー　黄色(821) 1g、ミントグリーン(824) 1g、ハーブカラー　サーモンピンク(814) 1.5g、ソリッド　白(1) 1g
[その他] テクノロート〈L〉15cm

〈実物大パーツ〉
○数字はパーツを作る個数
指定以外はすべて淡茶

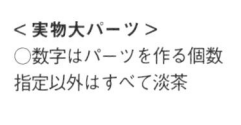

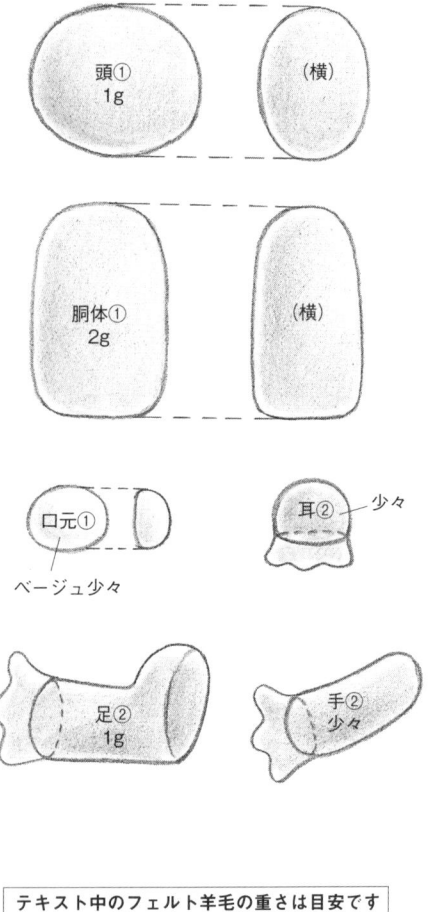

頭① 1g （横）

胴体① 2g （横）

口元①　ベージュ少々

耳②　少々

足② 1g

手②　少々

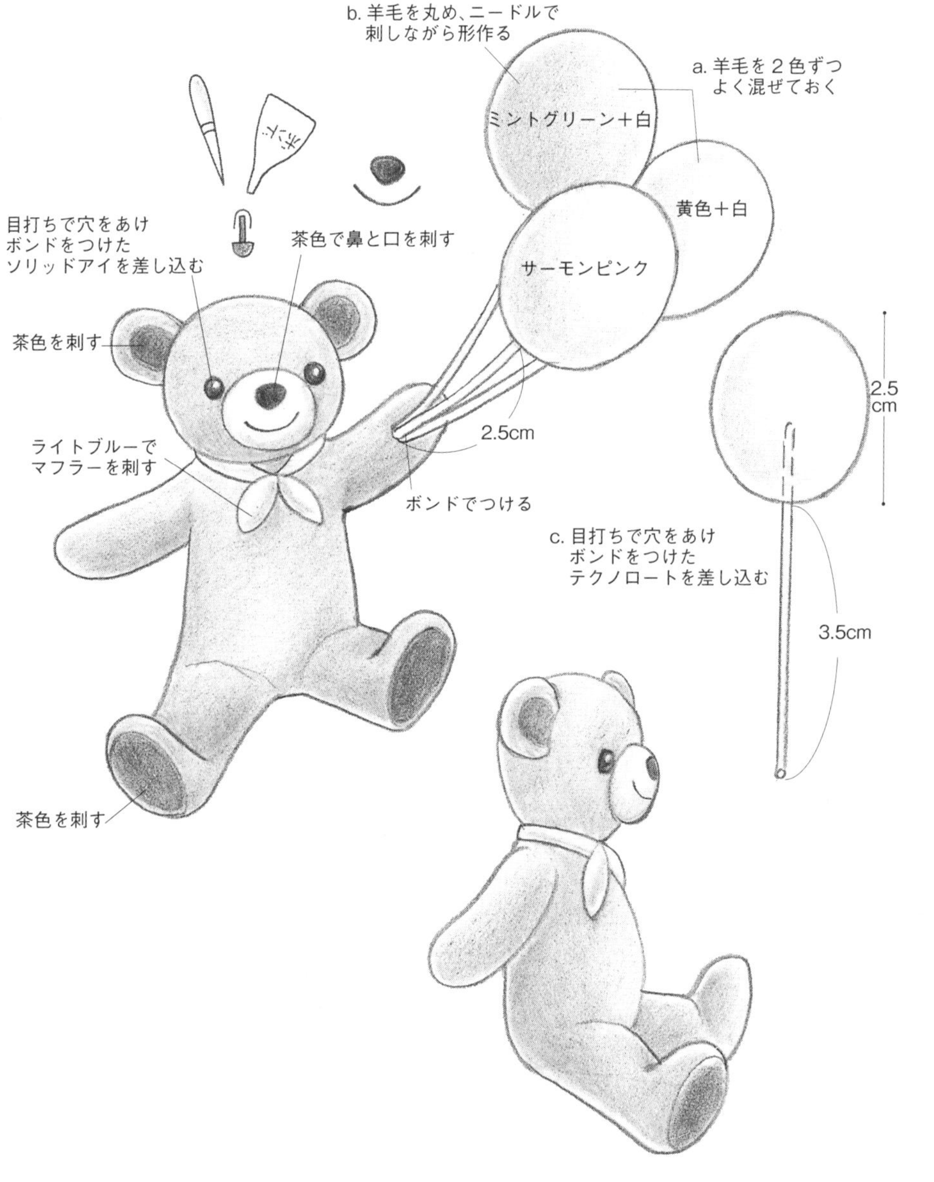

テキスト中のフェルト羊毛の重さは目安です

目打ちで穴をあけボンドをつけたソリッドアイを差し込む

茶色を刺す

茶色で鼻と口を刺す

ライトブルーでマフラーを刺す

茶色を刺す

b. 羊毛を丸め、ニードルで刺しながら形作る

a. 羊毛を 2色ずつよく混ぜておく

ミントグリーン＋白

黄色＋白

サーモンピンク

2.5cm

ボンドでつける

c. 目打ちで穴をあけボンドをつけたテクノロートを差し込む

2.5cm

3.5cm

国旗…2×1.5cm

[材料] ハマナカフェルト羊毛　ソリッド
白(1)、えんじ(24)、青(4)、ライトブルー(7)、オリーブグリーン(46)、黒(9)、ミックス　黄色(201)各少々
[その他] テクノロート〈L〉16cm

作り方
1. 実物大パーツを参照して各パーツを作る
2. 胴体に頭をつける
3. 手足をつける
4. 顔に口元をつけ、顔を作る(目、鼻、口)
5. 耳をつける
6. マフラーをつける
7. ふうせんと国旗を手に持たせる

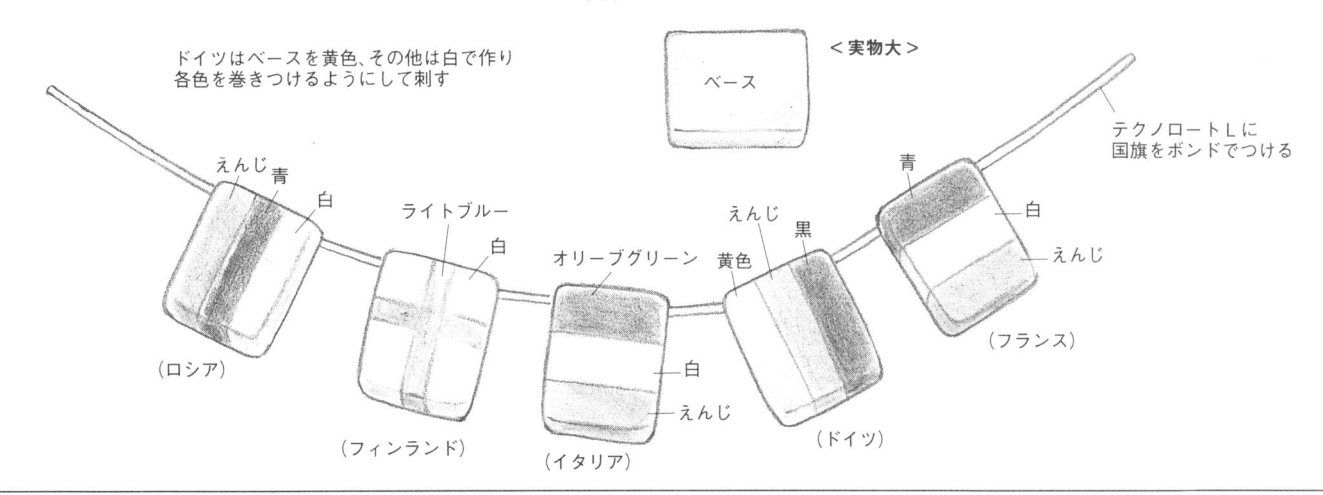

ドイツはベースを黄色、その他は白で作り各色を巻きつけるようにして刺す

＜実物大＞　ベース

テクノロートLに国旗をボンドでつける

(ロシア) えんじ／青／白
(フィンランド) ライトブルー／白
(イタリア) オリーブグリーン／白／えんじ
(ドイツ) 黄色／黒／えんじ
(フランス) 青／白／えんじ

44ページの続き

＜実物大パーツ＞
すべて生成り

木靴

甲　1cm
靴底　5mm
側面　1.5cm　6cm

(横) 2.5cm → 羊毛を足す (横)

オリーブグリーン　えんじ
ペールブルー
花模様を刺す

側面をまわりに刺しながら形を整える

オランダ HOLLAND

「風車と女の子」
4ページの作品

木靴…長さ 5cm

[材料] ハマナカフェルト羊毛　カラードウール　シェットランド　生成り（712）5g、ソリッド　えんじ（24）、オリーブグリーン（46）、ミックス　ペールブルー（217）各少々

<実物大パーツ>
○数字はパーツを作る個数

女の子…高さ 9.7cm

[材料] ハマナカフェルト羊毛　カラードウール　シェットランド　生成り（712）15g、ナチュラルブレンド　ハーブカラー　クリーム（811）4g、サーモンピンク（814）少々、ソリッド　えんじ（24）、黒（9）、オリーブグリーン（46）各少々、ミックス　栗色（220）、ペールブルー（217）各少々
[その他] ハマナカソリッドアイ　直径3mm　黒2個

作り方

1. 実物大パーツを参照して各パーツを作る
2. 胴体に頭をつける
3. 胴体に指定の色を刺す
4. 手をつける
5. 頭にレース帽を刺し、前髪と三つ編みをつける
6. レース帽の両わきに飾りをつける
7. 顔を作る（目、まゆ、口、鼻）

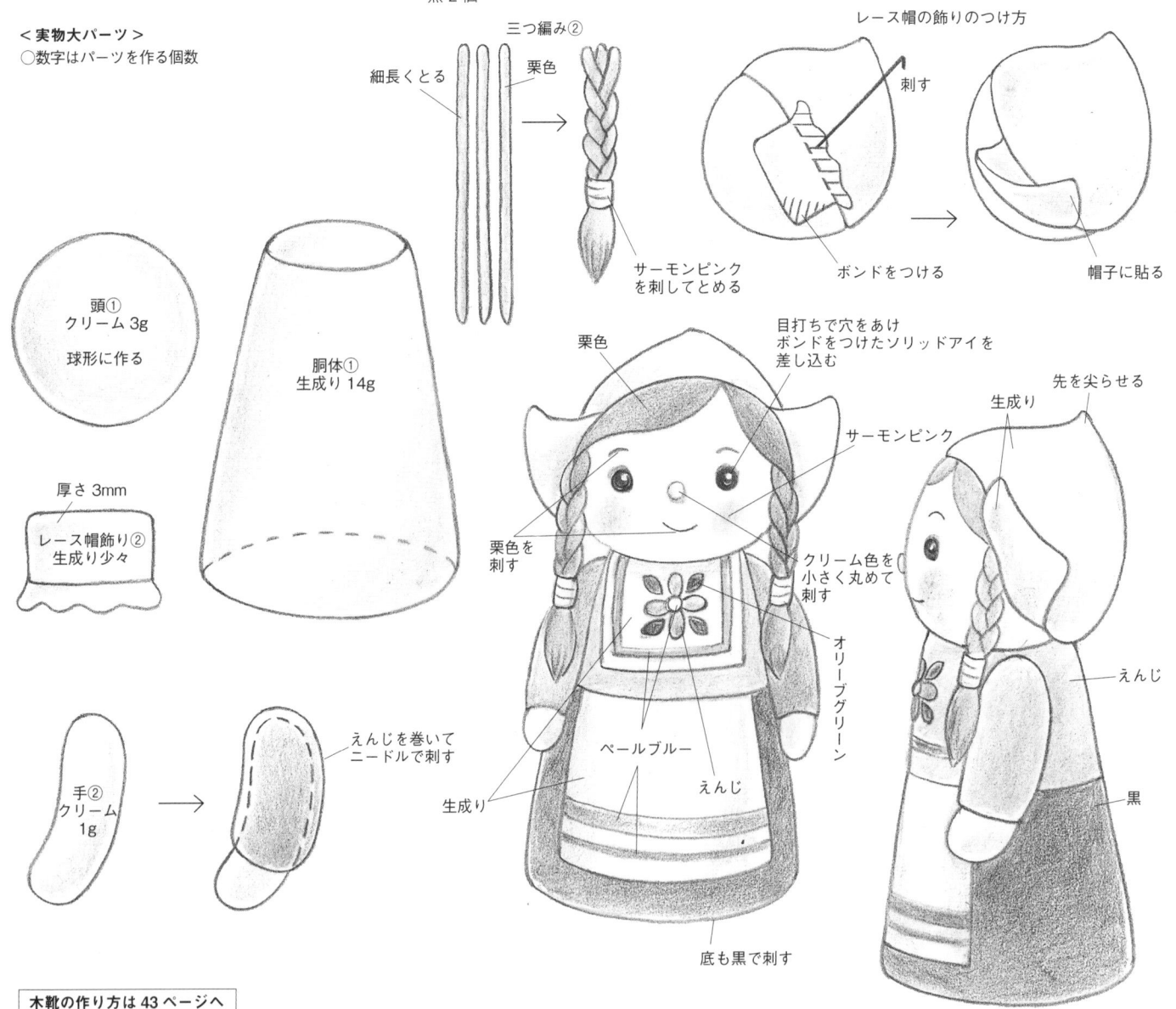

木靴の作り方は 43 ページへ

44 SMALL WORLD by FELT

風車…高さ6cm、長さ9.5cm

[材料] ハマナカフェルト羊毛　フェルケット　ソリッド　淡緑(306)15×13cm、フェルケット　ナチュラルミックス　キャメル(403)4×10cm、ナチュラルブレンド　ベージュ(802)、濃グレー(806)、ソリッド　茶色(41)、オリーブグリーン(46)、ペールイエロー(21)、ミックス　黄緑(213)各少々

[その他] フェルティング用マット　10×6cm、テクノロート＜L＞6cm、25番刺しゅう糸　濃ピンク、薄ピンク、白各少々、市販のフェルト　茶色9×9mm

作り方(36ページ参照)
1. 実物大パーツを参照して各パーツを作る
2. 台座を作る
3. 風車を作る
   a. キャメルのフェルケットで本体を作る(69ページ参照)
   b. 茶色で屋根と窓を刺す
   c. 羽を作って本体にボンドでつける
4. 花だんに刺しゅうをする
5. ベースに風車をボンドでつける
   ベースとの境目に細くカットした淡緑のフェルケットを刺す(65ページ参照)
6. 木、草、花だんをボンドでつける

＜実物大パーツ＞
○数字はパーツを作る個数

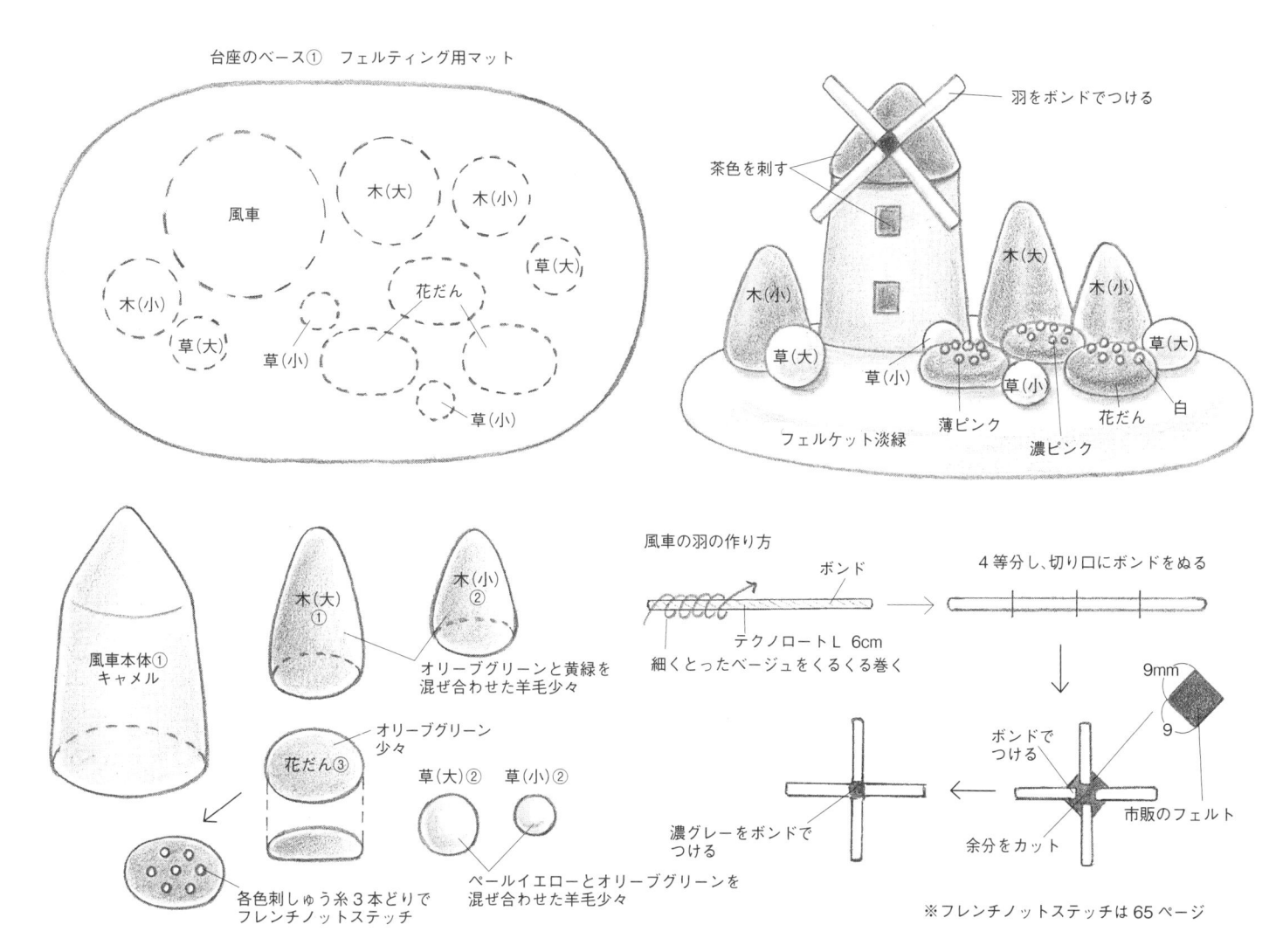

台座のベース①　フェルティング用マット

風車
木(大)
木(小)
草(大)
木(小)
草(大)
花だん
草(小)
草(小)

羽をボンドでつける
茶色を刺す
木(大)
木(小)
草(大)
草(小)
薄ピンク
花だん
濃ピンク
白
フェルケット淡緑

風車本体①
キャメル

木(大)①
木(小)②
オリーブグリーンと黄緑を混ぜ合わせた羊毛少々

花だん③
オリーブグリーン少々

草(大)②
草(小)②
ペールイエローとオリーブグリーンを混ぜ合わせた羊毛少々

各色刺しゅう糸3本どりでフレンチノットステッチ

風車の羽の作り方
ボンド
テクノロートL 6cm
細くとったベージュをくるくる巻く

4等分し、切り口にボンドをぬる

9mm
9
ボンドでつける
市販のフェルト
余分をカット
濃グレーをボンドでつける

※フレンチノットステッチは65ページ

中国 CHINA

「パンダ３兄弟」
6ページの作品

パンダ…長さ8cm
[材料]（1頭分）ハマナカフェルト羊毛　ナチュラルメリノ　白(303)7g、ソリッド　黒(9)4g
[その他] ハマナカソリッドアイ　直径3mm 黒2個

フェルトボール…直径1.8cm
[材料] ハマナカフェルト羊毛　ソリッド　ローズ(2)、黄色(35)各少々

作り方
1. 実物大パーツを参照して各パーツを作る
2. 胴体に頭をつける
3. 前足と後ろ足をつける
4. 顔に口元をつけ顔を作る
5. 耳をつける
6. しっぽをつける
7. 耳、足、背中の黒い部分に、黒の羊毛をのせて刺す

＜実物大パーツ＞
○数字はパーツを作る個数
指定以外はすべて白
足以外は3タイプ共通

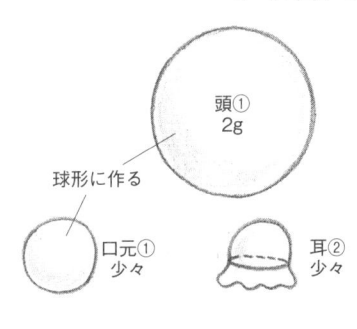

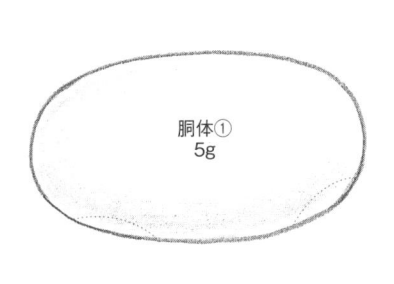

頭① 2g　球形に作る
口元① 少々
耳②
胴体① 5g
しっぽ① 少々

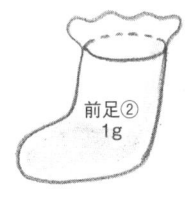

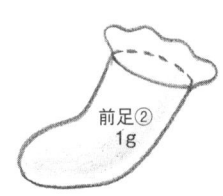

歩きタイプ
前足② 1g
後ろ足② 1g

座りタイプ
前足② 1g
後ろ足② 少々

眠りタイプ
前足② 1g
後ろ足② 1g

歩きタイプ
羊毛を足しながら形を整えていく 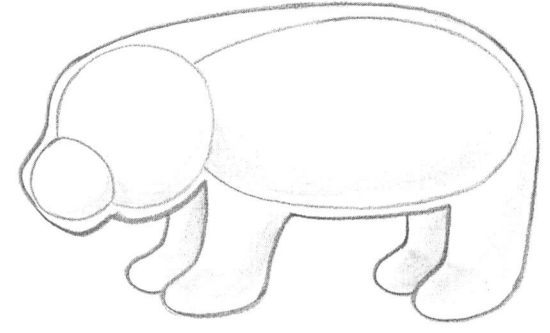

座りタイプの後ろ足の作り方
後ろ足をニードルで刺してつける
→ ももの部分に羊毛を足してふっくらさせる

46 SMALL WORLD by FELT

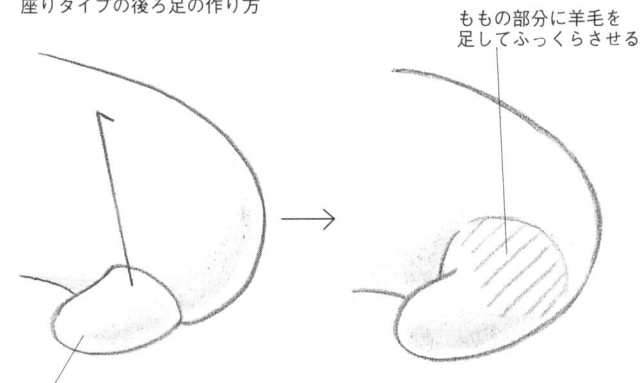

歩きタイプ

目のまわりに黒をのせる

（後ろ）しっぽ

目打ちで穴をあけ
ボンドをつけた
ソリッドアイを差し込む

黒で鼻と口を刺す

頭を少し傾けてつける

座りタイプ

（背中）

背中を丸く形作る

眠りタイプ

両手を合わせるようにしてつける

両足をそろえてつける

47

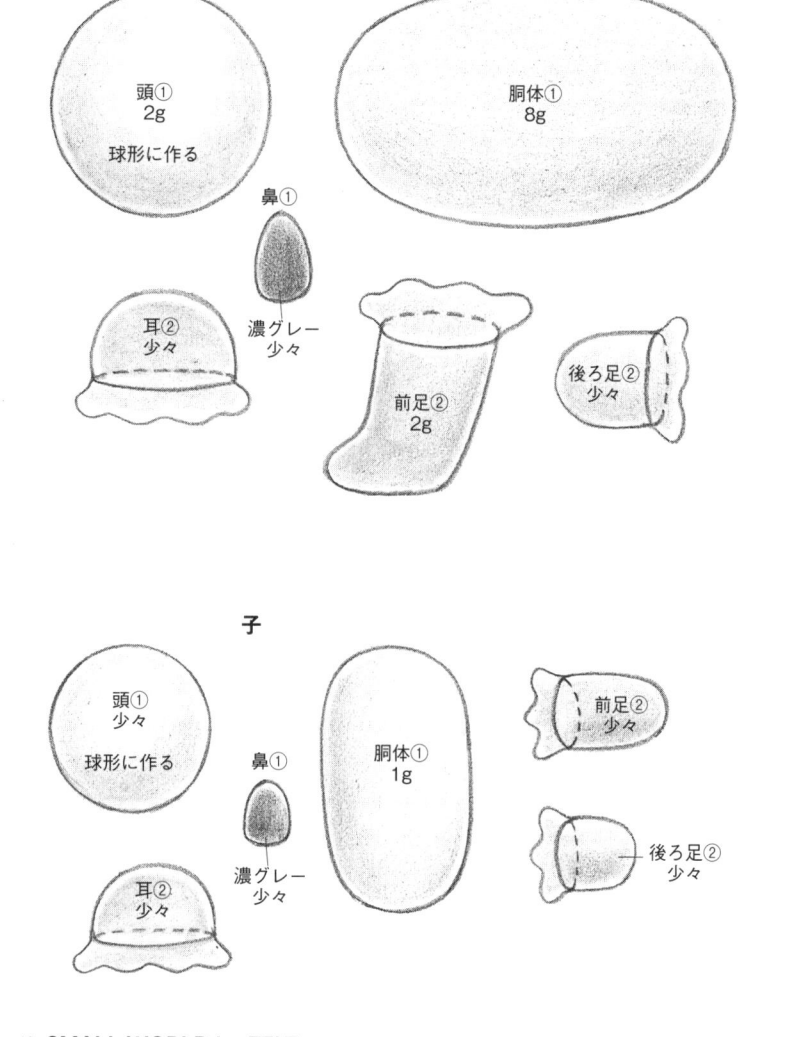

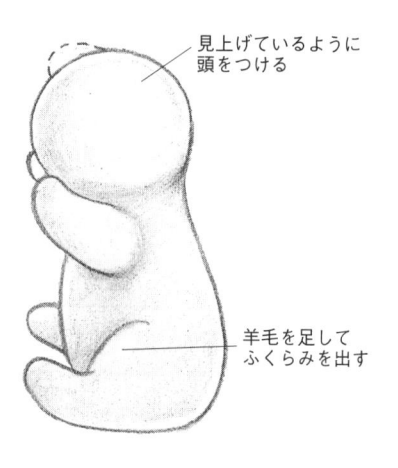

オーストラリア AUSTRALIA

「コアラの親子」
8ページの作品

コアラの親子…高さ 6.8[5.5]cm
[ ]内は子、指定以外は共通
[材料] ハマナカフェルト羊毛 ナチュラルブレンド グレー(805)15g[5g]、濃グレー(806)少々、カラードウール シェットランド 生成り(712)少々
[その他] ハマナカソリッドアイ 直径4mm[3mm]黒2個

作り方
1. 実物大パーツを参照して各パーツを作る
2. 胴体に頭をつける
3. 前足と後ろ足をつける
   ふとももあたりに羊毛を足し、ふっくらと形を作る
4. 胸側に白の羊毛を刺す
5. 耳をつける
6. 顔を作る
7. 足のつめを刺す

＜実物大パーツ＞
○数字はパーツを作る個数
指定以外はすべてグレー

親

頭① 2g 球形に作る

胴体① 8g

鼻① 濃グレー 少々

耳② 少々

前足② 2g

後ろ足② 少々

羊毛を足してふくらみを出す

子

頭① 少々 球形に作る

胴体① 1g

鼻① 濃グレー 少々

耳② 少々

前足② 少々

後ろ足② 少々

見上げているように頭をつける

羊毛を足してふくらみを出す

48 SMALL WORLD by FELT

耳

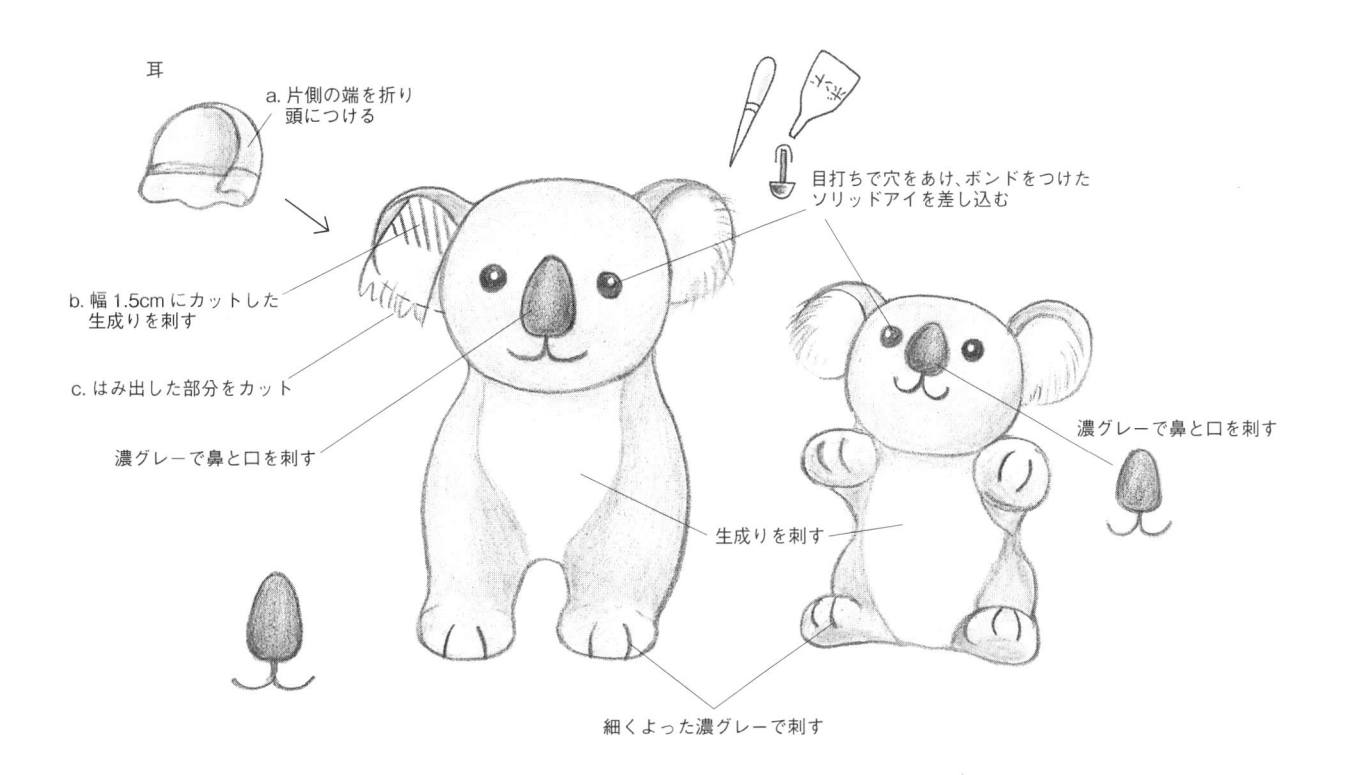

a. 片側の端を折り頭につける

b. 幅1.5cmにカットした生成りを刺す

c. はみ出した部分をカット

濃グレーで鼻と口を刺す

目打ちで穴をあけ、ボンドをつけたソリッドアイを差し込む

濃グレーで鼻と口を刺す

生成りを刺す

細くよった濃グレーで刺す

（後ろ）

（後ろ）

49

オーストラリア AUSTRALIA

「カンガルーの親子」
10ページの作品

カンガルーの親子…高さ 6.8[5.5]cm
[ ]内は子、指定以外は共通

[材料] ハマナカフェルト羊毛　ナチュラルブレンド　ベージュ（802）15g、淡茶（803）3g、ソリッド　黒（9）少々
[その他] ハマナカソリッドアイ　直径 4mm [3mm] 黒 2 個

作り方
1. 実物大パーツを参照して各パーツを作る
2. 胴体に頭をつける
3. 手と足をつける
   ふとももや腰まわりにベージュの羊毛を足し、ふっくらと形作る
4. 淡茶の羊毛を、頭、背中、手、足に薄くのせて刺す
5. 耳をつける
6. 顔を作る（目、鼻、口）
7. しっぽをつける
8. 手足のつめを刺す
9. お腹に袋をつける
10. 子を作る
    胴体に頭、手足、耳をつけ、顔を仕上げる
11. 袋に子を入れる

<実物大パーツ>
○数字はパーツを作る個数

親

胴体① ベージュ 10g
頭① ベージュ 1.5g
耳② 淡茶
手② ベージュ 1g
シッポ① 淡茶 少々
足② ベージュ 2g
袋① ベージュ少々　厚さ 3mm

両端をつける

羊毛を足してふっくらさせる

子

胴体①
頭①
耳②
足②
手②

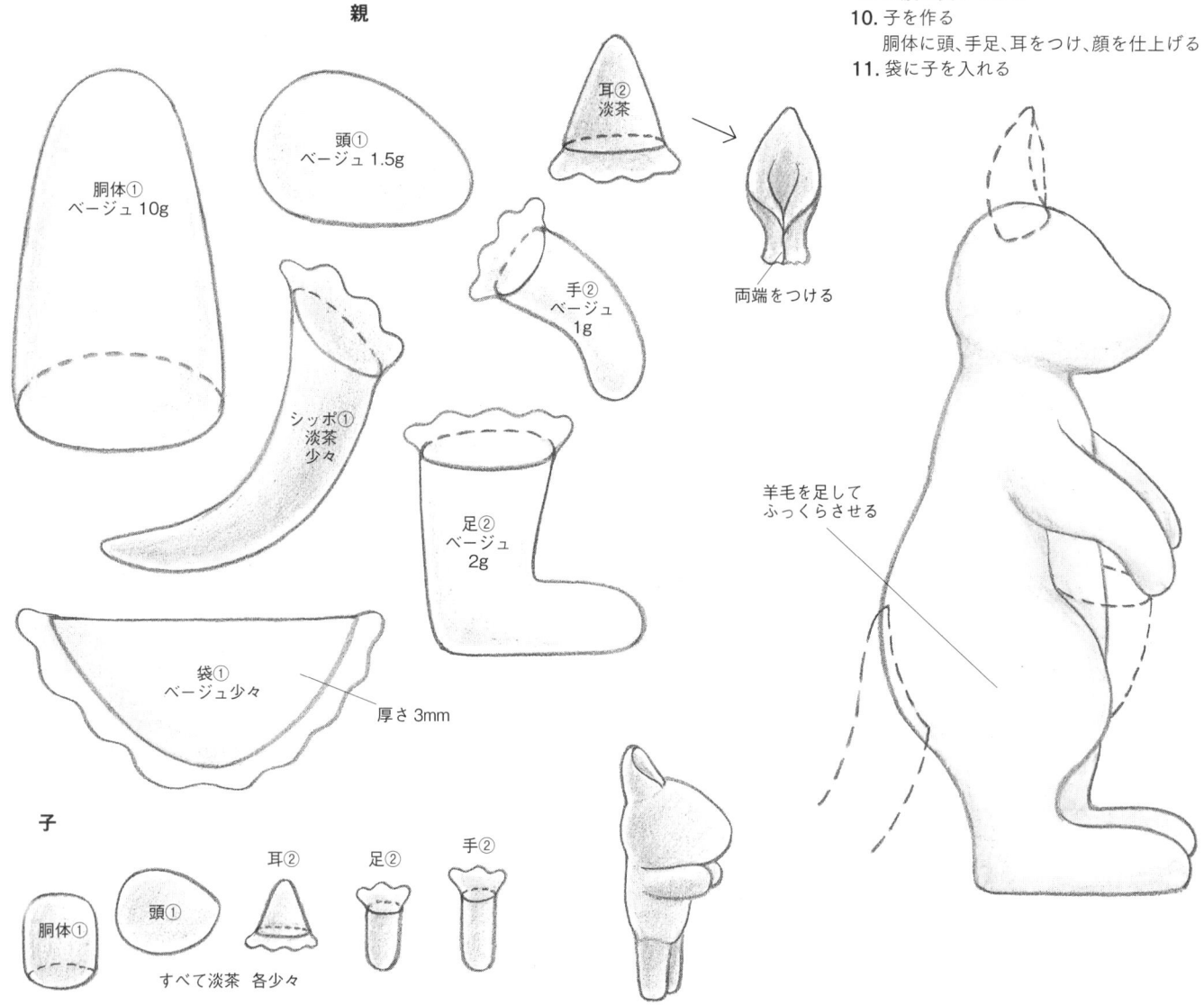

すべて淡茶　各少々

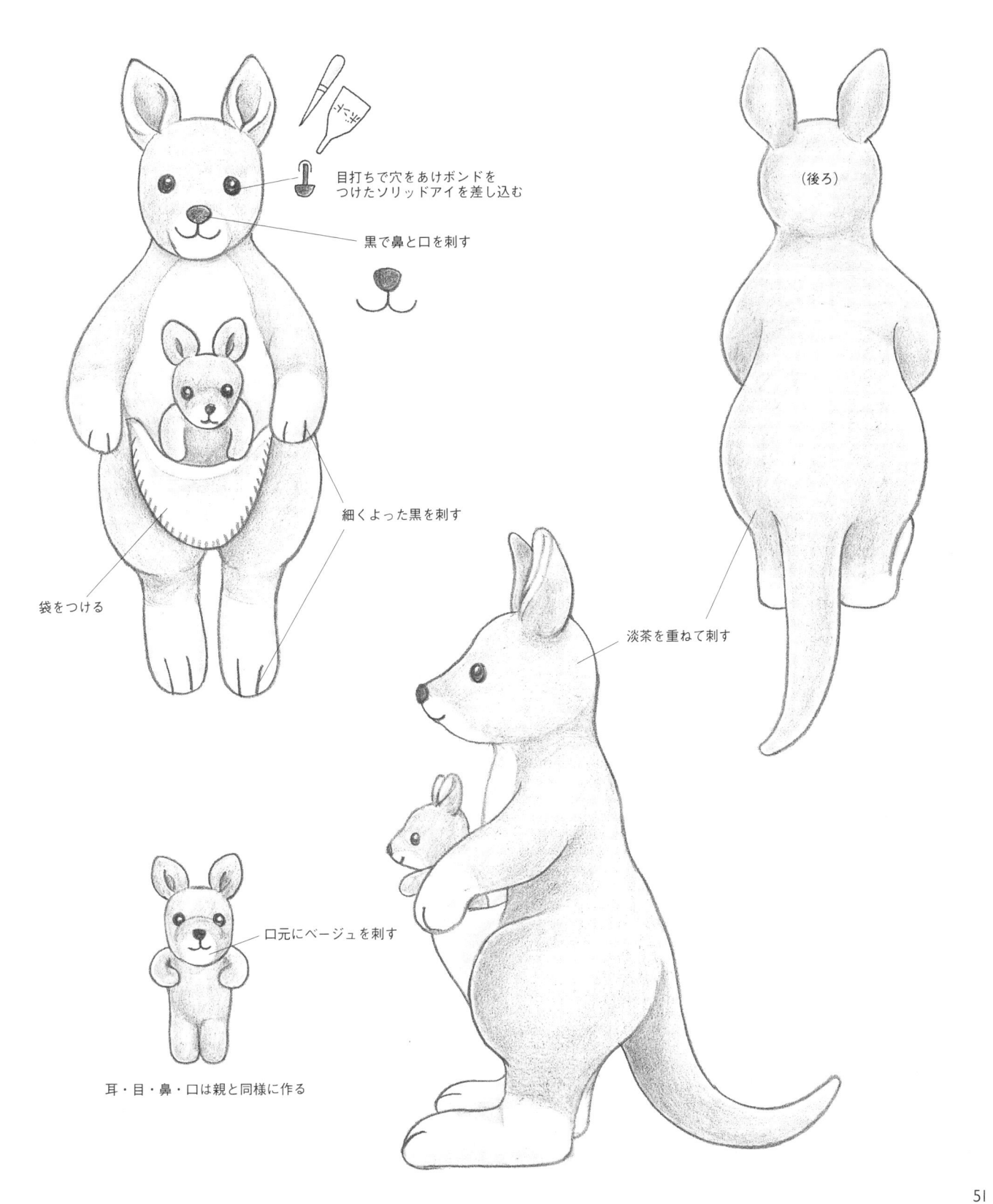

目打ちで穴をあけボンドを
つけたソリッドアイを差し込む

黒で鼻と口を刺す

（後ろ）

細くよった黒を刺す

袋をつける

淡茶を重ねて刺す

口元にベージュを刺す

耳・目・鼻・口は親と同様に作る

51

ニュージーランド NEW ZEALAND

「羊の丘」
11 ページの作品

羊の丘…高さ 4.5cm

[材料] ハマナカフェルト羊毛　フェルケット　ソリッド　クリーム（301）23×14cm、淡緑（306）少々、ナチュラルブレンド　ベージュ（802）5g、淡茶（803）少々、フェルティングヤーン　ループ　生成（1）少々
[その他] フェルティング用マット 15×5cm、極小ビーズ　直径 2mm 黒 6 個

作り方
1. 台座を作る
2. ひつじを作る（3匹）
   a. 実物大パーツを参照して各パーツを作る
   b. 胴体にフェルティングヤーンをのせる
   c. 耳、足をつける
   d. 目をつける
3. 台座にひつじをボンドでつける

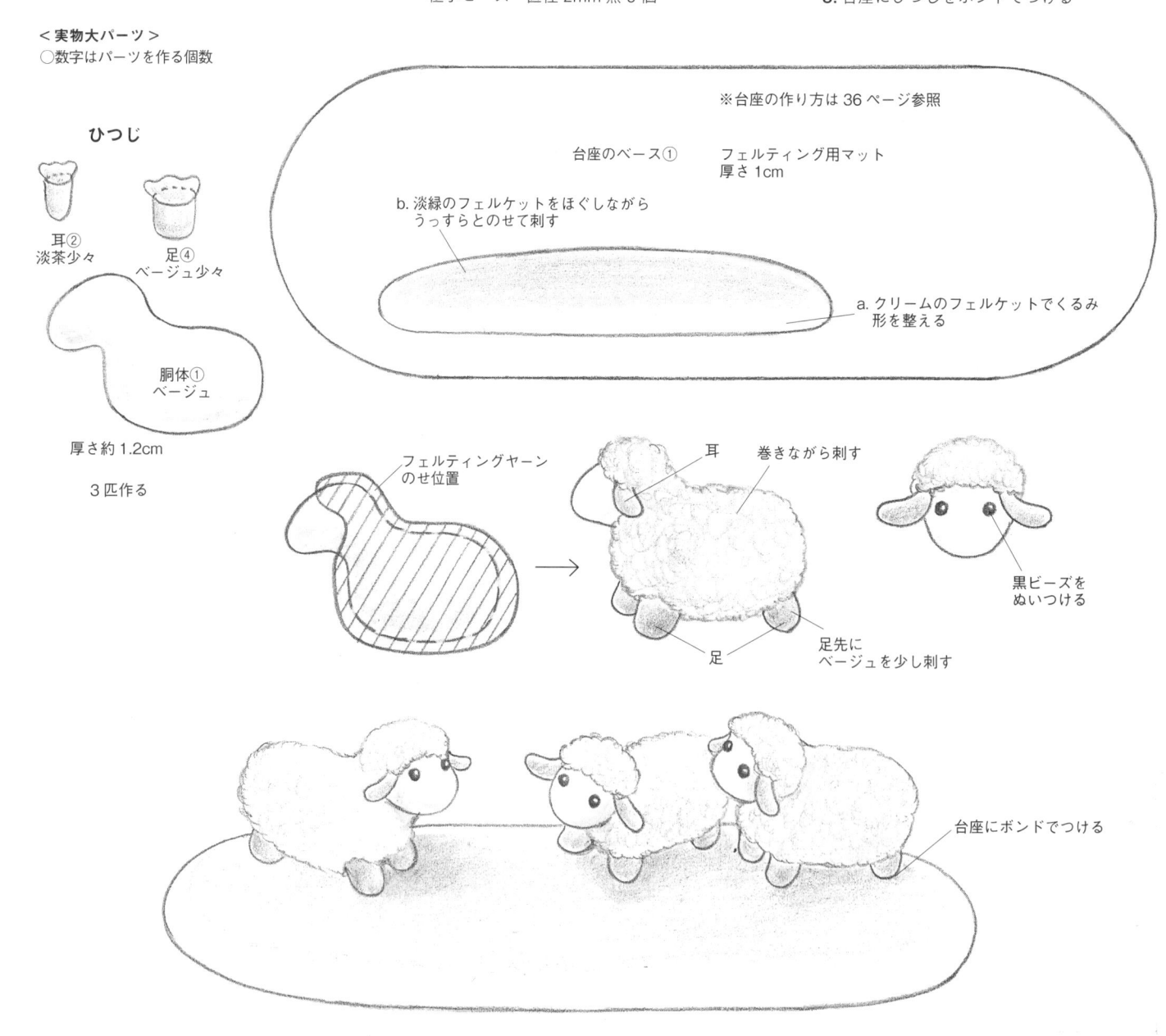

＜実物大パーツ＞
○数字はパーツを作る個数

ひつじ

耳② 淡茶少々
足④ ベージュ少々
胴体① ベージュ
厚さ約 1.2cm
3匹作る

※台座の作り方は 36 ページ参照

台座のベース①　フェルティング用マット 厚さ 1cm

b. 淡緑のフェルケットをほぐしながらうっすらとのせて刺す

a. クリームのフェルケットでくるみ形を整える

フェルティングヤーンのせ位置

耳　巻きながら刺す
足
足先にベージュを少し刺す

黒ビーズをぬいつける

台座にボンドでつける

ロシア RUSSIA

「マトリョーシカ」
12ページの作品

マトリョーシカ…高さ大6.5cm、中5.2cm、小4.5cm、極小3.5cm

[材料] 大・極小 ハマナカフェルト羊毛 ナチュラルメリノ 白(303)14g、ミックス ピンク(202)、栗色(220)、黄色(201)、ナチュラルブレンド ハーブカラー サーモンピンク(814)、シャーベットカラー 青緑(825)、オレンジ(822)、ソリッド サーモンピンク(37)各少々

[材料] 中 ハマナカフェルト羊毛 ナチュラルメリノ 白(303)7g、ナチュラルブレンド シャーベットカラー ミントグリーン(824)、青緑(825)、オレンジ(822)、ハーブカラー クリーム(811)、サーモンピンク(814)、ミックス 栗色(220)、ソリッド サーモンピンク(37)各少々

[材料] 小 ハマナカフェルト羊毛 ナチュラルメリノ 白(303)4g、ミックス 黄色(201)、栗色(220)、ソリッド 薄紫(25)、紫(26)、ナチュラルブレンド シャーベットカラー 青緑(825)、オレンジ(822)、ハーブカラー サーモンピンク(814)、ソリッド サーモンピンク(37)各少々

作り方
1. 実物大を参照して、白の羊毛で本体ベースを作る
2. スカーフ、服(上・下)をぐるりと刺す
3. 顔(目、口、ほお紅)と前髪を刺す
4. スカーフの結び目を刺す
5. 花飾りを刺す

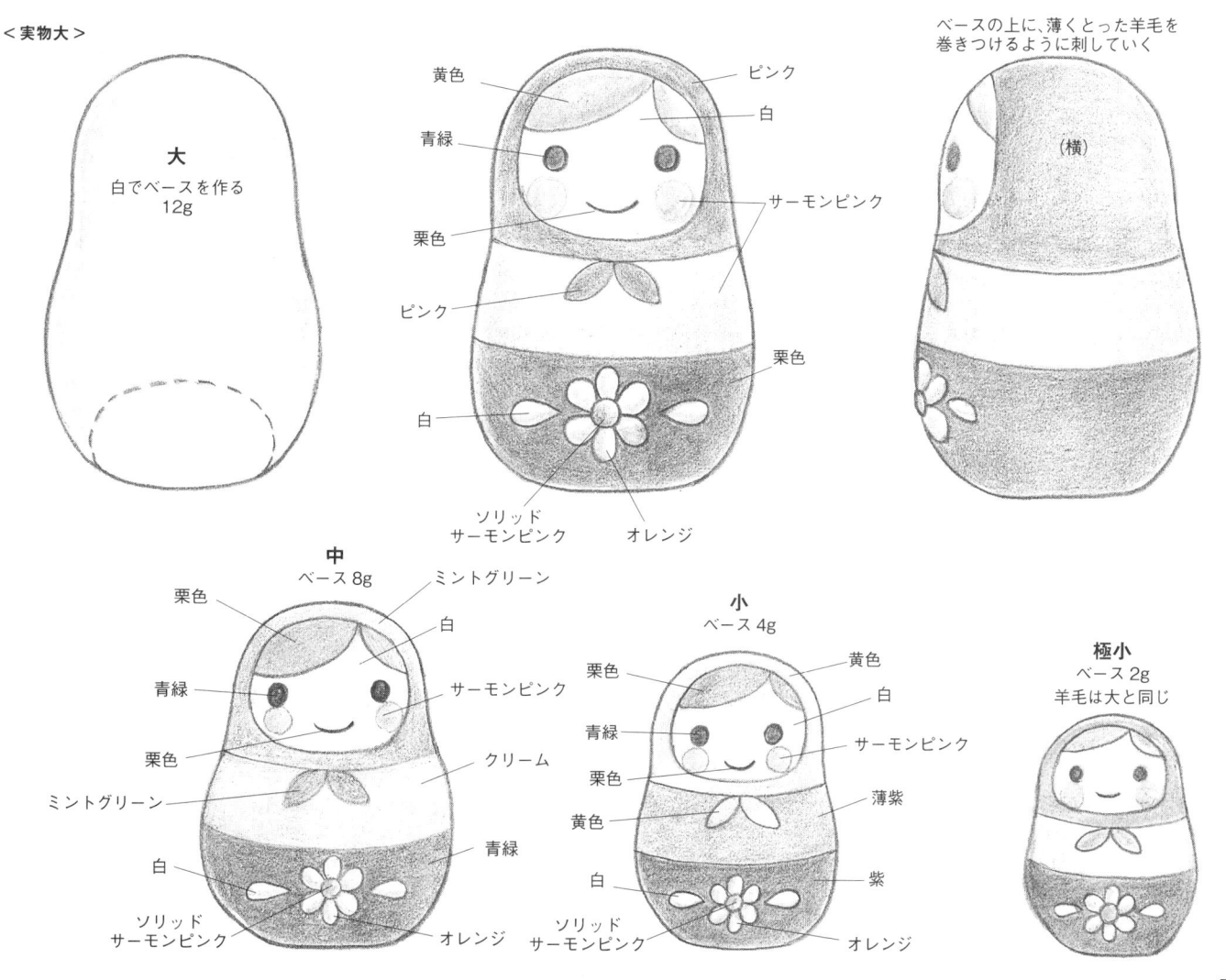

<実物大>

大 白でベースを作る 12g

中 ベース8g — 栗色、ミントグリーン、白、青緑、サーモンピンク、栗色、クリーム、ミントグリーン、青緑、白、ソリッドサーモンピンク、オレンジ

小 ベース4g — 栗色、黄色、白、青緑、サーモンピンク、栗色、薄紫、黄色、白、紫、ソリッドサーモンピンク、オレンジ

極小 ベース2g 羊毛は大と同じ

(大の図) 黄色、ピンク、青緑、白、栗色、サーモンピンク、ピンク、栗色、白、ソリッドサーモンピンク、オレンジ

ベースの上に、薄くとった羊毛を巻きつけるように刺していく
(横)

アメリカ USA

「アメリカのストラップ」
13ページの作品

ドーナツカフェのストラップ…カップ高さ 2.3cm、ドーナツ高さ 2.8cm

[材料] ハマナカフェルト羊毛 ソリッドベージュ(29)1.5ｇ、茶色(41)、ペールピンク(36)、青(4)、えんじ(24)、白(1)各少々

[その他] 星型ラインストーン 5mm1個、丸小ビーズ 白6個、ハマナカ金具付きストラップコード 白・銀(H230-124-3)1本、2重丸カン 6mm 銀1個

バーガーショップのストラップ…コーラ高さ 3.5cm、ハンバーガー高さ 2.5cm

[材料] ハマナカフェルト羊毛 ナチュラルブレンド シャーベットカラー 黄色(821)1.5g、ソリッド ベージュ(29)1.5ｇ、茶色(41)、青(4)、えんじ(24)、白(1)、ライトグリーン(33)、ミックス栗色(220)、赤茶(206)各少々

[その他] 星型ラインストーン 5mm、ハマナカ金具付きストラップコード 白・銀(H230-124-3)1本、2重丸カン 6mm 銀1個

作り方

1. 実物大パーツを参照して各パーツを作る
2. コーヒーカップとコーラは上部に羊毛を足して形作り、それぞれ、カップ(コップ)の中に茶色を刺す
3. 出来上がり図を参照して、各色の羊毛を刺して仕上げる
4. 各パーツを丸カンでつないでストラップコードにつける(縫い針に糸を通し、パーツの中を通す)

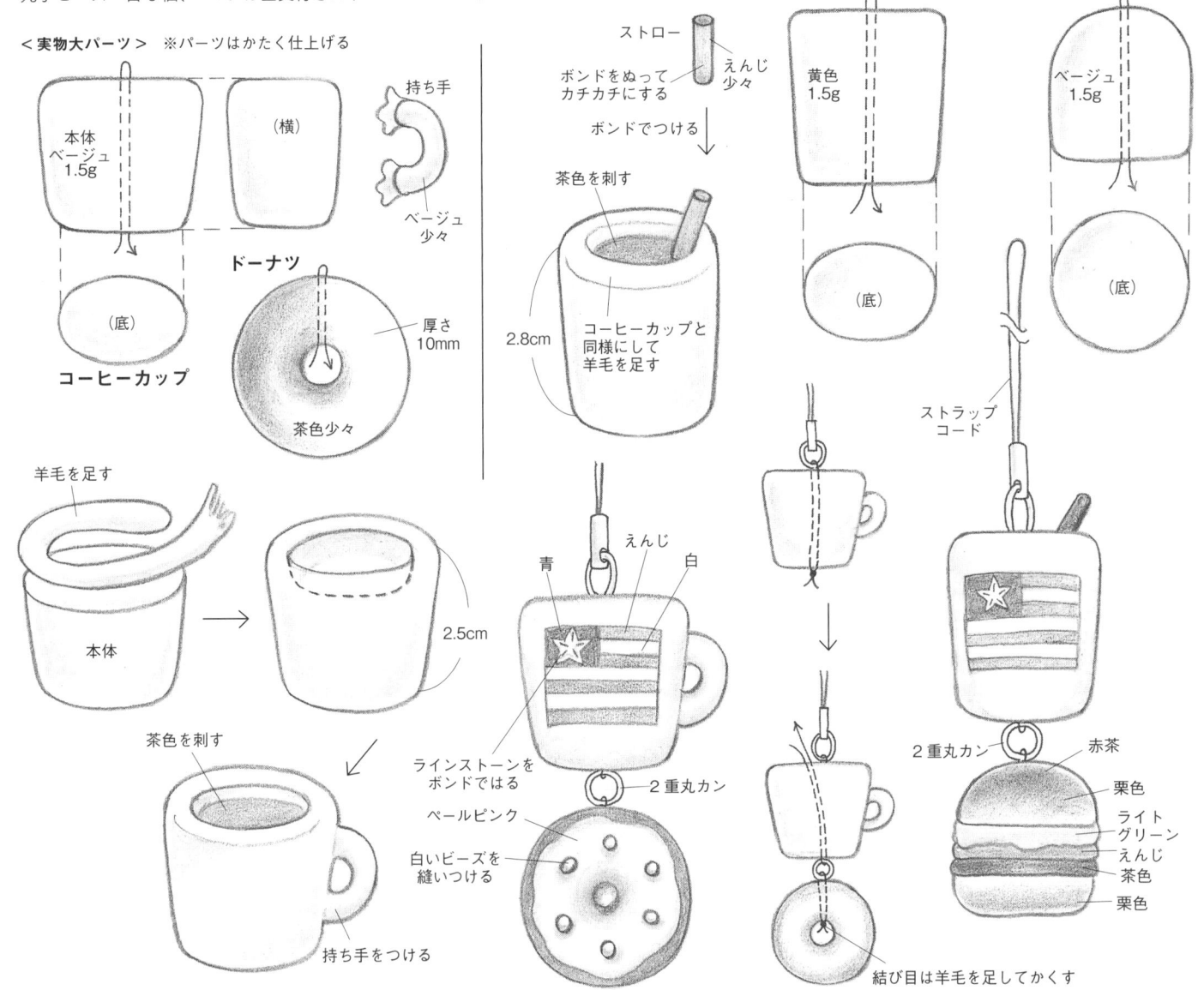

パラオ PALAU

「熱帯魚のモビール」
18ページの作品

熱帯魚のモビール…長さ 28ｃｍ(テグスを含む)

[材料] ハマナカフェルト羊毛　ソリッド 白(1)8ｇ、山吹色(5)、黒(9)、濃いオレンジ(16)、ライトグリーン(33)、黄色(35)、水色(44)、空色(38)、えんじ(24)、ナチュラルブレンド　シャーベットカラー　青緑(825)各少々

[その他] スワロフスキーソロバン型ビーズ 8mm ブルー 6個、テグス

作り方
1. 実物大パーツを参照して、それぞれの魚のベースとひれ、しずくを作る
2. 魚のベースにひれをつける
3. 魚としずくに色をのせて仕上げる
4. 縫い針にテグスを通し、ビーズ、魚、しずくをつなぐ

＜実物大パーツ＞
○数字はパーツを作る個数

a 2尾

(正面)
ベース①　白 3g
背びれ②　白少々
ひれ②　白少々

山吹色
黒
黒
山吹色
山吹色と濃いオレンジを混ぜた羊毛
黒

しずく②
空色少々 → 青緑をのせる

b

(正面)
ベース①　ライトグリーン
背びれ②　ライトグリーン少々
ひれ②　黄色少々

黒
黄色

c

ベース①　水色少々
(正面)

青緑
黒
えんじ

テグス
ビーズ
2cm
b・c
2cm
2cm
a
2cm
2cm

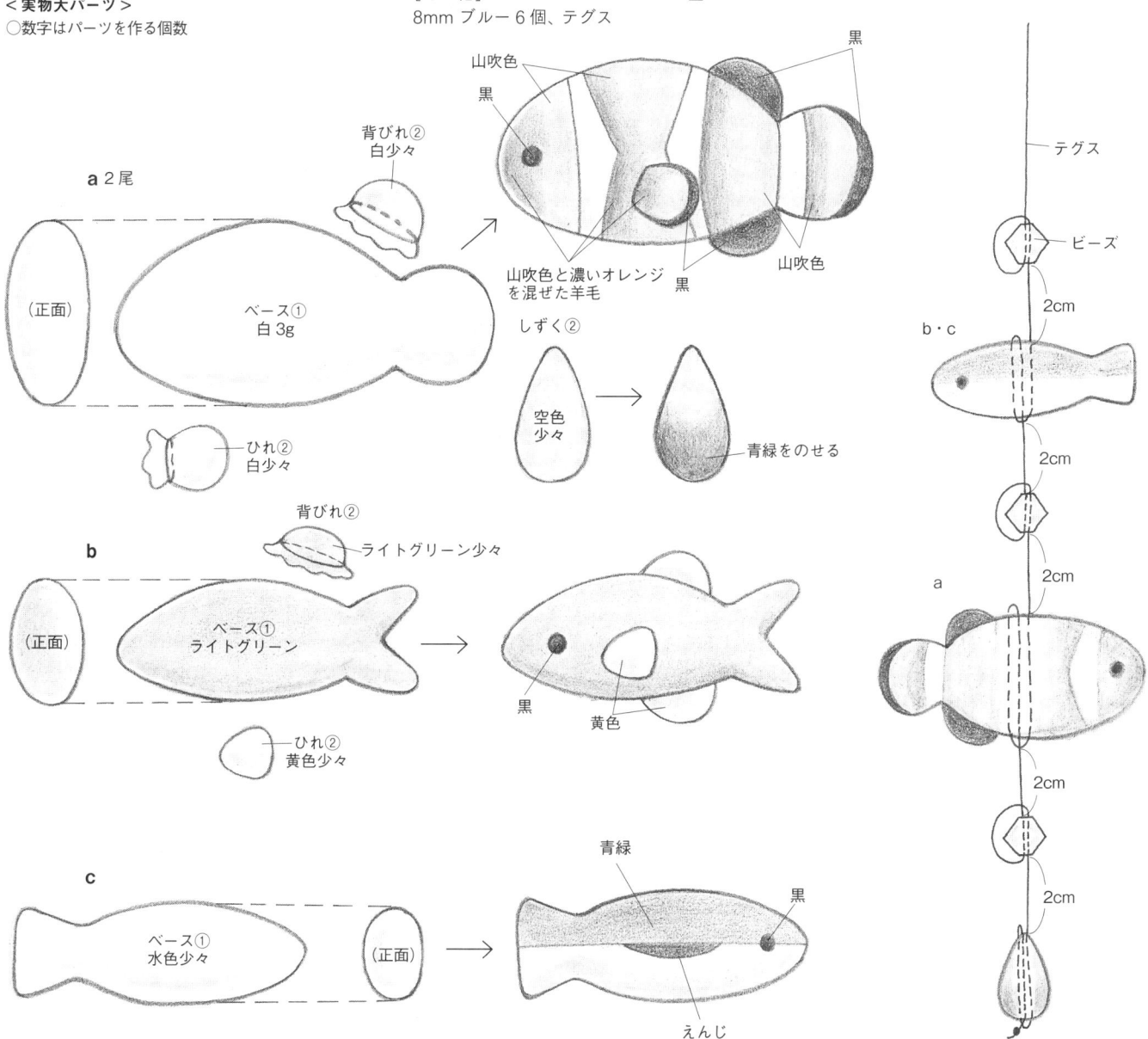

メキシコ MEXICO

「サボテンとサル」
14ページの作品

サル…高さ9.8cm

[材料] ハマナカフェルト羊毛　ナチュラルブレンド　ベージュ(802)12g、淡茶(803)少々、シャーベットカラー　黄色(821)1.5g、ミックス　栗色(220)、黄緑(213)各少々、ソリッド　えんじ(24)、サーモンピンク(37)、茶色(41)各少々
[その他] 25番刺しゅう糸　サーモンピンク、淡緑各少々、ハマナカソリッドアイ　直径3mm 黒2個

作り方
1. 実物大パーツを参照して、各パーツを作る
2. 胴体に頭をつけ、羊毛を足しながら形を整える
3. 手足をつける
4. 手足、胴体、頭の栗色部分を刺す
5. 耳をつけ、顔を作る(目、口、鼻、ほお紅)
6. 帽子をつける
7. しっぽをつけ、手足の先を仕上げる
8. スカーフを首に巻きつけて刺す
9. マラカスにボンドをつけ、手に持たせる
10. おしりにボンドをつけ、切り株にすわらせる

<実物大パーツ>
○数字はパーツを作る個数

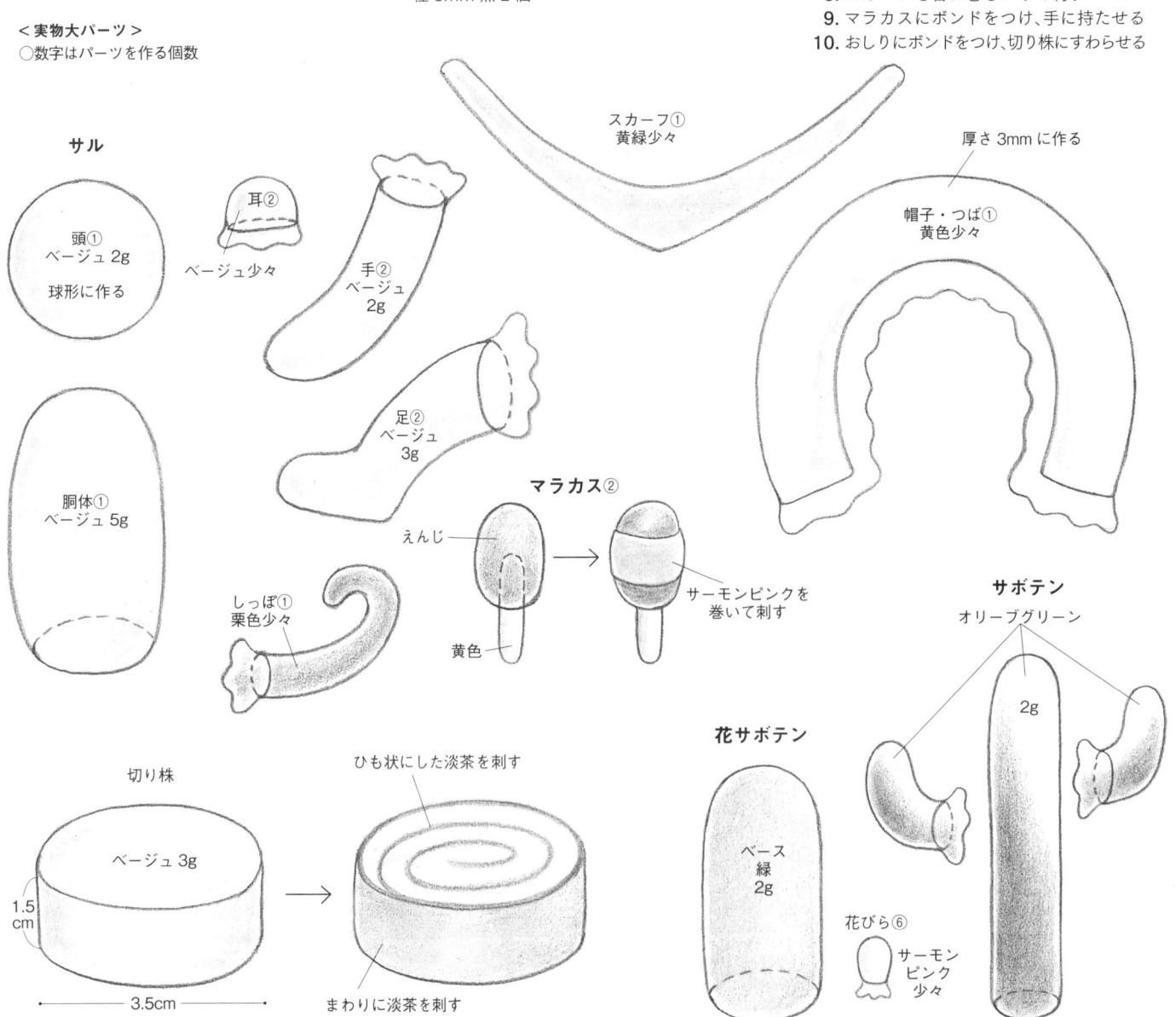

サル

頭①　ベージュ2g　球形に作る

耳②　ベージュ少々

手②　ベージュ2g

スカーフ①　黄緑少々

帽子・つば①　黄色少々　厚さ3mmに作る

胴体①　ベージュ5g

足②　ベージュ3g

マラカス②
えんじ
黄色
サーモンピンクを巻いて刺す

しっぽ①　栗色少々

切り株
ベージュ3g
1.5cm
3.5cm
ひも状にした淡茶を刺す
まわりに淡茶を刺す

花サボテン
ベース緑2g

サボテン
オリーブグリーン
2g

花びら⑥　サーモンピンク少々

SMALL WORLD by FELT

サボテン…高さ6cm、花サボテン4.2cm

[材料] ハマナカフェルト羊毛　ソリッド　オリーブグリーン(46)3g、サーモンピンク(37)、白(1)各少々、ミックス　緑(203)2.5g、赤茶(206)少々

作り方
1. 実物大パーツを参照して、各パーツを作る
2. 花サボテンは羊毛を足して形作り、サボテンはパーツを組み合わせる
3. 植木鉢をつける
4. 花サボテンは花を刺す

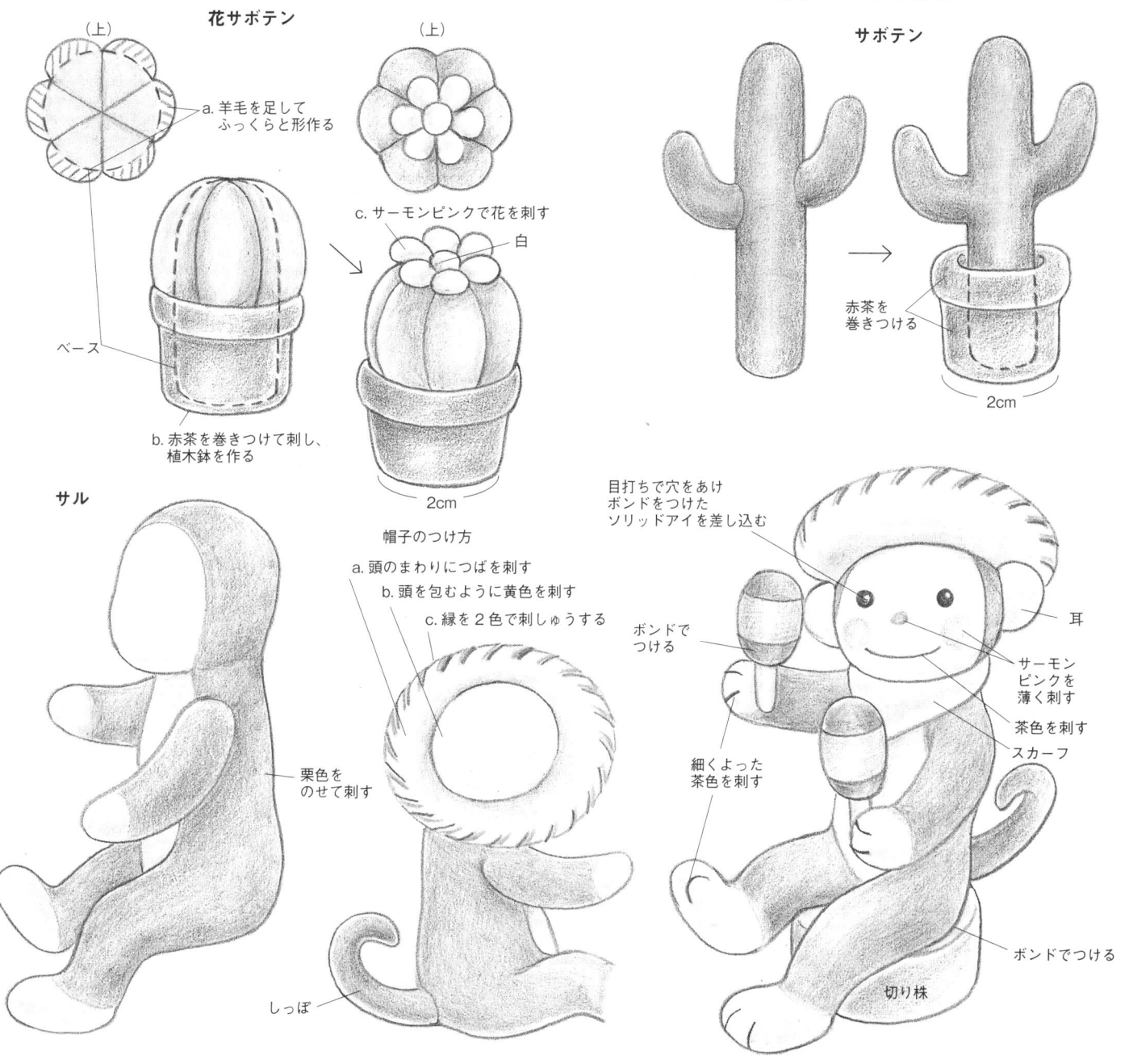

花サボテン

(上)

a. 羊毛を足してふっくらと形作る

ベース

c. サーモンピンクで花を刺す

白

b. 赤茶を巻きつけて刺し、植木鉢を作る

2cm

サボテン

赤茶を巻きつける

2cm

サル

栗色をのせて刺す

帽子のつけ方
a. 頭のまわりにつばを刺す
b. 頭を包むように黄色を刺す
c. 緑を2色で刺しゅうする

しっぽ

目打ちで穴をあけボンドをつけたソリッドアイを差し込む

ボンドでつける

耳

サーモンピンクを薄く刺す

茶色を刺す

スカーフ

細くよった茶色を刺す

ボンドでつける

切り株

インド INDIA

「祭りの日のゾウ」
16 ページの作品

ゾウ…高さ 7cm、長さ 11cm
[材料] ハマナカフェルト羊毛　ナチュラルブレンド　グレー（805）26ｇ、ソリッドローズ（2）、レモンイエロー（45）、えんじ（24）、ペールピンク（36）、白（1）各少々
[その他] ハマナカソリッドアイ　直径 4mm 黒 2 個、ラインストーン　3mm 赤 3 個

作り方
1. 実物大パーツを参照して、各パーツを作る
2. 胴体に足をつける
3. 胴体に頭をつける
4. 鼻をつけ、牙をつける
5. 耳をつける
6. 目をつける
7. しっぽをつける
8. 背中と頭に飾りをつける

＜実物大パーツ＞
○数字はパーツを作る個数
指定以外はすべてグレー

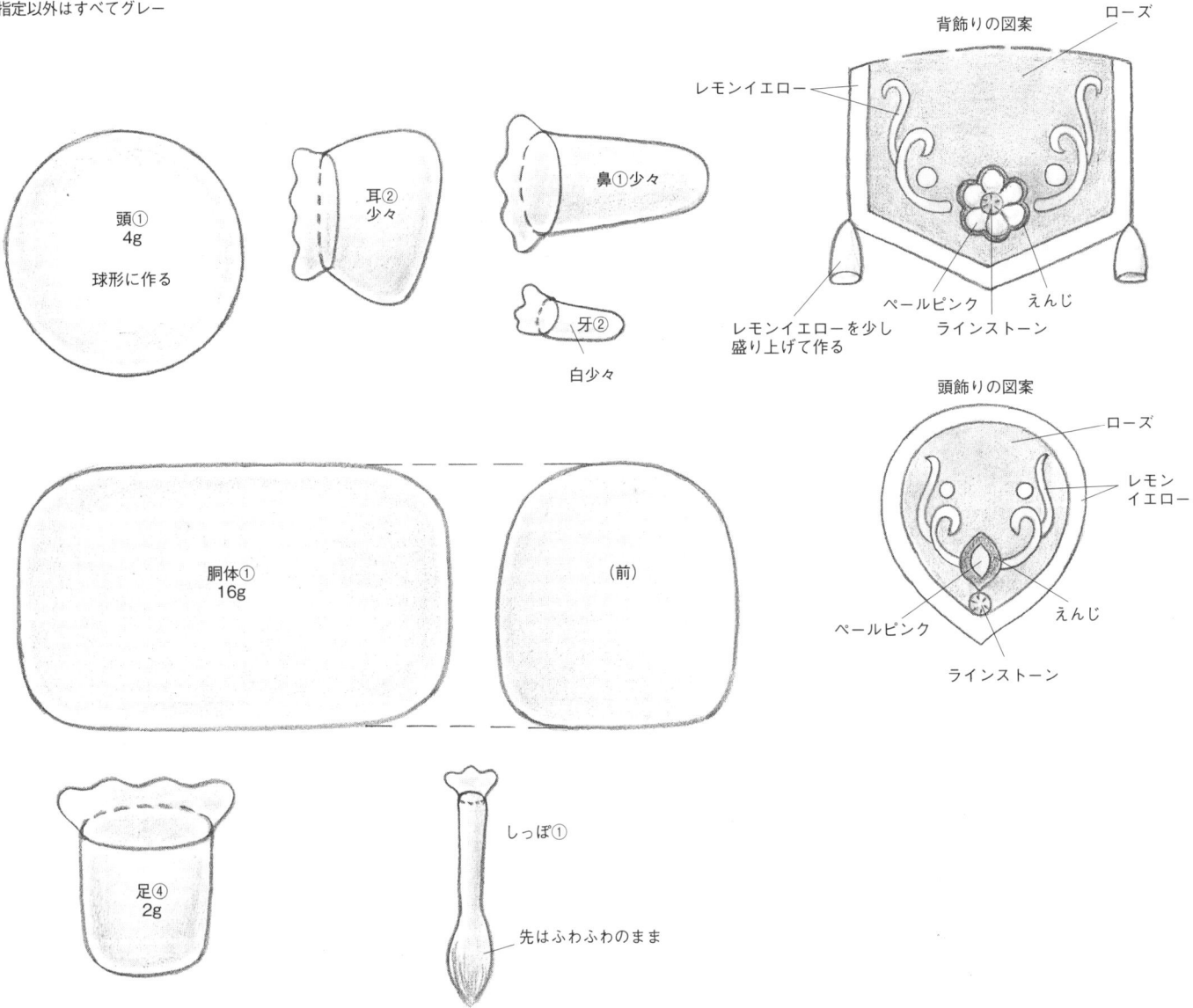

頭①
4g
球形に作る

耳②
少々

鼻①少々

牙②
白少々

胴体①
16g

（前）

足④
2g

しっぽ①
先はふわふわのまま

背飾りの図案
ローズ
レモンイエロー
レモンイエローを少し盛り上げて作る
ペールピンク
えんじ
ラインストーン

頭飾りの図案
ローズ
レモンイエロー
ペールピンク
えんじ
ラインストーン

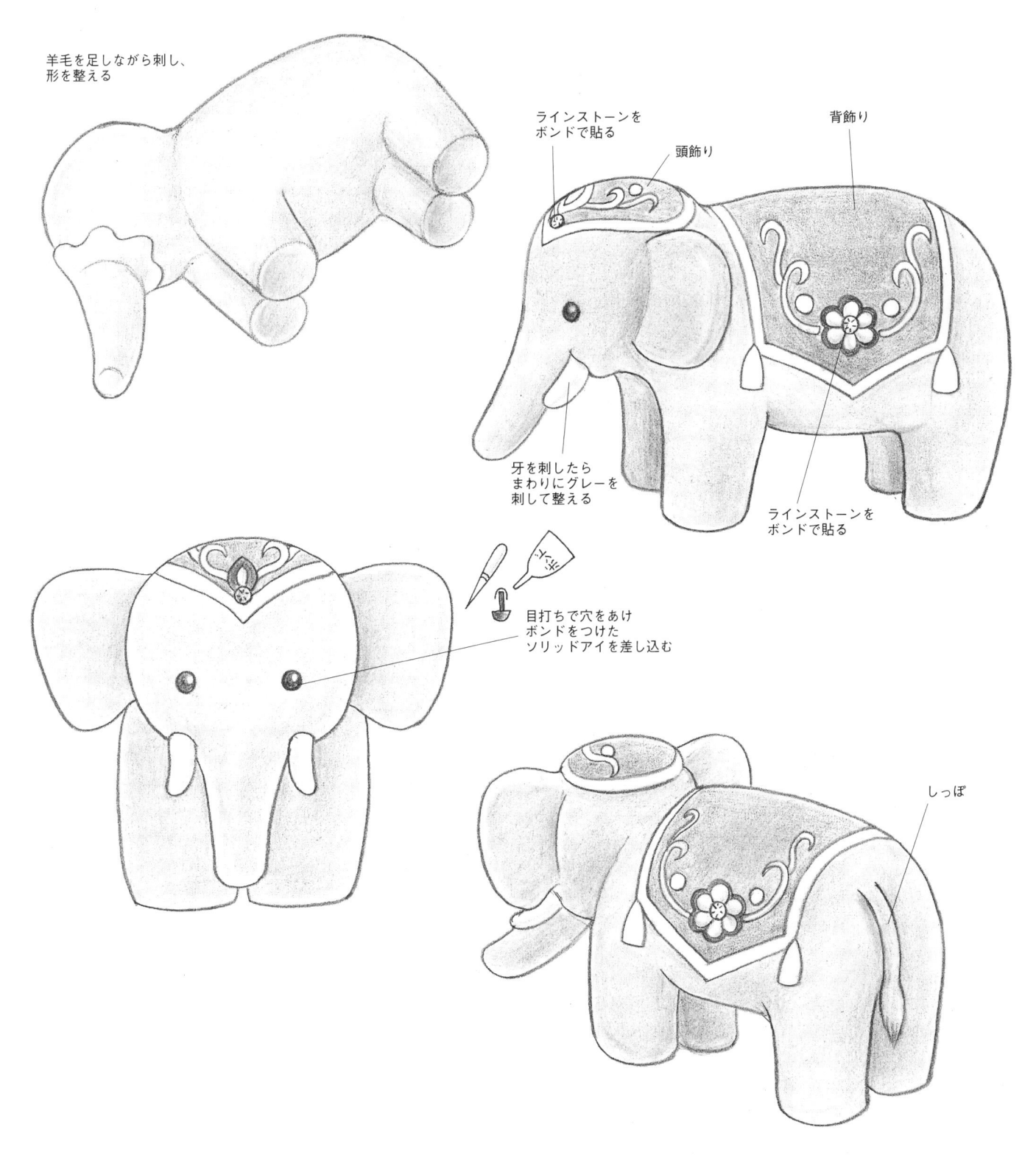

羊毛を足しながら刺し、
形を整える

ラインストーンを
ボンドで貼る

頭飾り

背飾り

牙を刺したら
まわりにグレーを
刺して整える

ラインストーンを
ボンドで貼る

目打ちで穴をあけ
ボンドをつけた
ソリッドアイを差し込む

しっぽ

イタリア ITALY

「ゴンドラとうさぎ」
22 ページの作品

ゴンドラとうさぎ…うさぎ高さ 8.5cm

[材料] ハマナカフェルト羊毛　カラードウール　シェットランド　生成り(712) 6g、ナチュラルブレンド　茶色(804) 7g、淡茶(803)、ハーブカラー　サーモンピンク(814)、シャーベットカラー　黄色(821)、青緑(825)、ソリッド　ペールグリーン(43)、緑(40)、えんじ(24)、水色(44)、ミックス栗色(220)各少々

[その他] ハマナカソリッドアイ　直径 3mm 黒 2個、竹ぐし 1本、市販のフェルト　茶色 4.5×2.5cm、幅 10mm の麻混レース 24cm

作り方
1. 実物大パーツを参照して、各パーツを作る
2. ゴンドラを作る(図参照)
3. うさぎを作る
    a. 胴体に頭をつける
    b. 手足をつける
    c. 耳をつけ、顔を作る
    d. ストライプのシャツを刺し、スカーフを巻く
    e. 手足の先を仕上げる
    f. しっぽをつける
    g. オールを作り、手に持たせる
4. うさぎをゴンドラの中敷きの上にボンドでつける
5. 小鳥を作り、ゴンドラの先にボンドでつける

＜実物大パーツ＞
○数字はパーツを作る個数
指定以外はすべて生成り

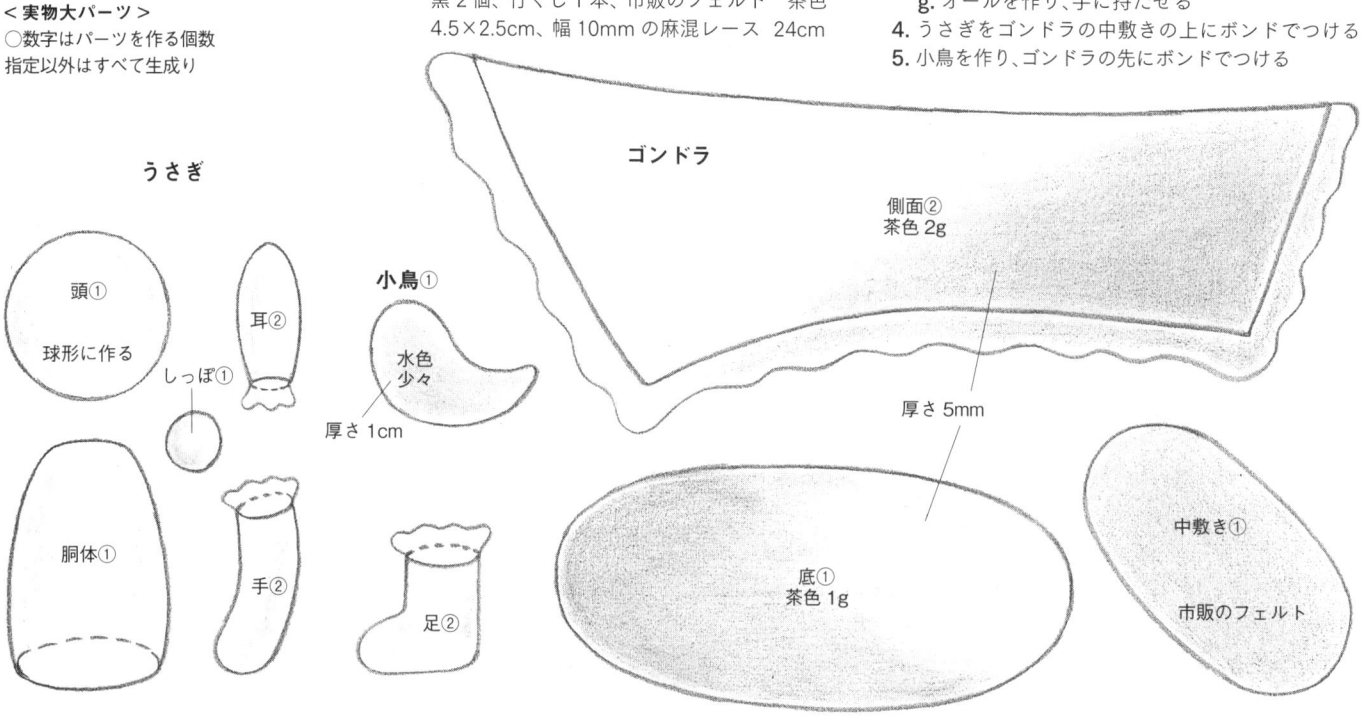

うさぎ

頭① 球形に作る
耳②
しっぽ①
胴体①
手②
足②

小鳥①
水色 少々
厚さ 1cm

ゴンドラ
側面② 茶色 2g
厚さ 5mm
底① 茶色 1g
中敷き① 市販のフェルト

ゴンドラの作り方

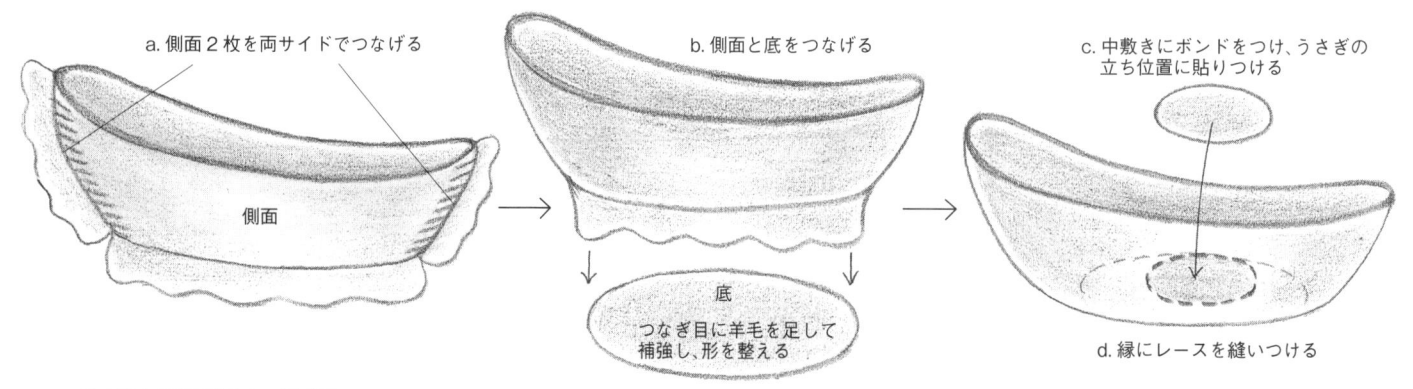

a. 側面 2 枚を両サイドでつなげる
側面

b. 側面と底をつなげる
底
つなぎ目に羊毛を足して補強し、形を整える

c. 中敷きにボンドをつけ、うさぎの立ち位置に貼りつける

d. 縁にレースを縫いつける

60 SMALL WORLD by FELT

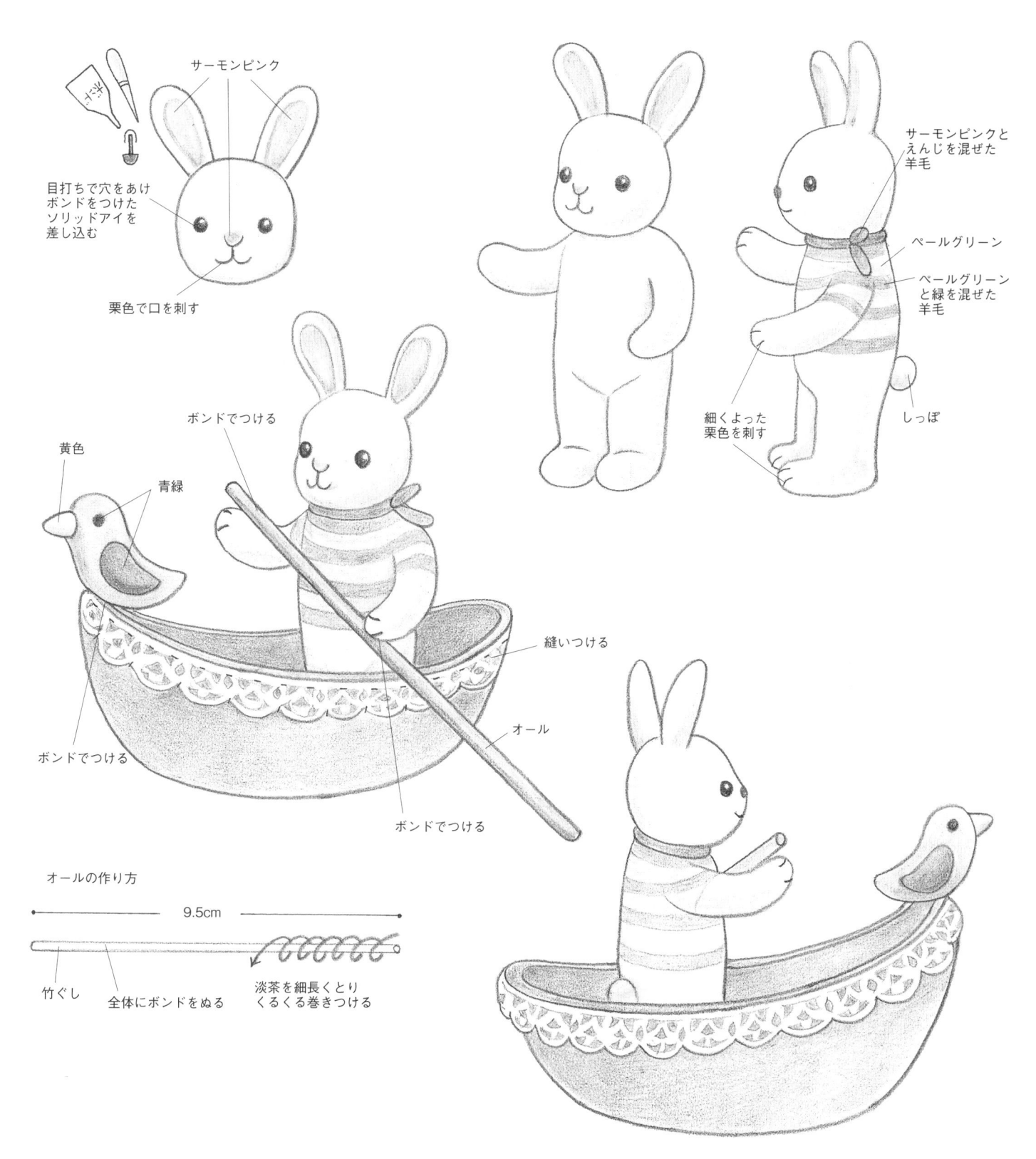

サーモンピンク

目打ちで穴をあけ
ボンドをつけた
ソリッドアイを
差し込む

栗色で口を刺す

サーモンピンクと
えんじを混ぜた
羊毛

ペールグリーン

ペールグリーン
と緑を混ぜた
羊毛

細くよった
栗色を刺す

しっぽ

黄色

青緑

ボンドでつける

縫いつける

オール

ボンドでつける

ボンドでつける

オールの作り方

9.5cm

竹ぐし

全体にボンドをぬる

淡茶を細長くとり
くるくる巻きつける

フィンランド FINLAND

「サンタクロースとプレゼント」
24 ページの作品

作り方
1. 実物大パーツを参照して、各パーツを作る
2. 胴体に頭をつける
3. 手首に白で縁をつける
4. 足に黒でくつを刺し、足首に白で縁をつける
5. 胴体に手足をつける
6. 服の前側とすそに白い縁をつける
7. 頭にえんじで帽子を刺し、白い縁をつけてから帽子先をつけてなじませる。帽子先にポンポンをつける
8. 耳をつけ、顔を作る（ひげ、まゆ、目、鼻、ほお）
9. ギフトボックスをサンタに持たせる

サンタクロース…高さ12cm

[材料] ハマナカフェルト羊毛　ニードルわたわた 4g、ソリッド　えんじ（24）12g、白（1）2g、オリーブグリーン（46）1g、黒（9）少々、ナチュラルブレンド　ハーブカラー クリーム（811）2g、サーモンピンク（814）2g
[その他] 金色のひも 24cm

＜実物大パーツ＞ ○数字はパーツを作る個数

ひげのつけ方

<実物大>

白
黒
サーモンピンク
鼻
▲の羊毛を丸める
白

プレゼント袋…高さ 8.5cm

[材料] ハマナカフェルト羊毛　ニードルわたわた 3g、ソリッド　白(1)6g、サーモンピンク(37)、薄紫(25)、えんじ(24)、オリーブグリーン(46)、黒(9)、ナチュラルブレンド淡茶(803)各少々
[その他] 25番刺しゅう糸　紫少々、赤いひも 23cm、星型ラインストーン 7mm1 個

作り方
1. 実物大パーツを参照して、各パーツを作る
2. プレゼント袋に縁をつける
3. 各プレゼントを仕上げる
4. プレゼント袋にプレゼントを入れ、ボンドでつける
5. プレゼント袋に赤いひもを結ぶ

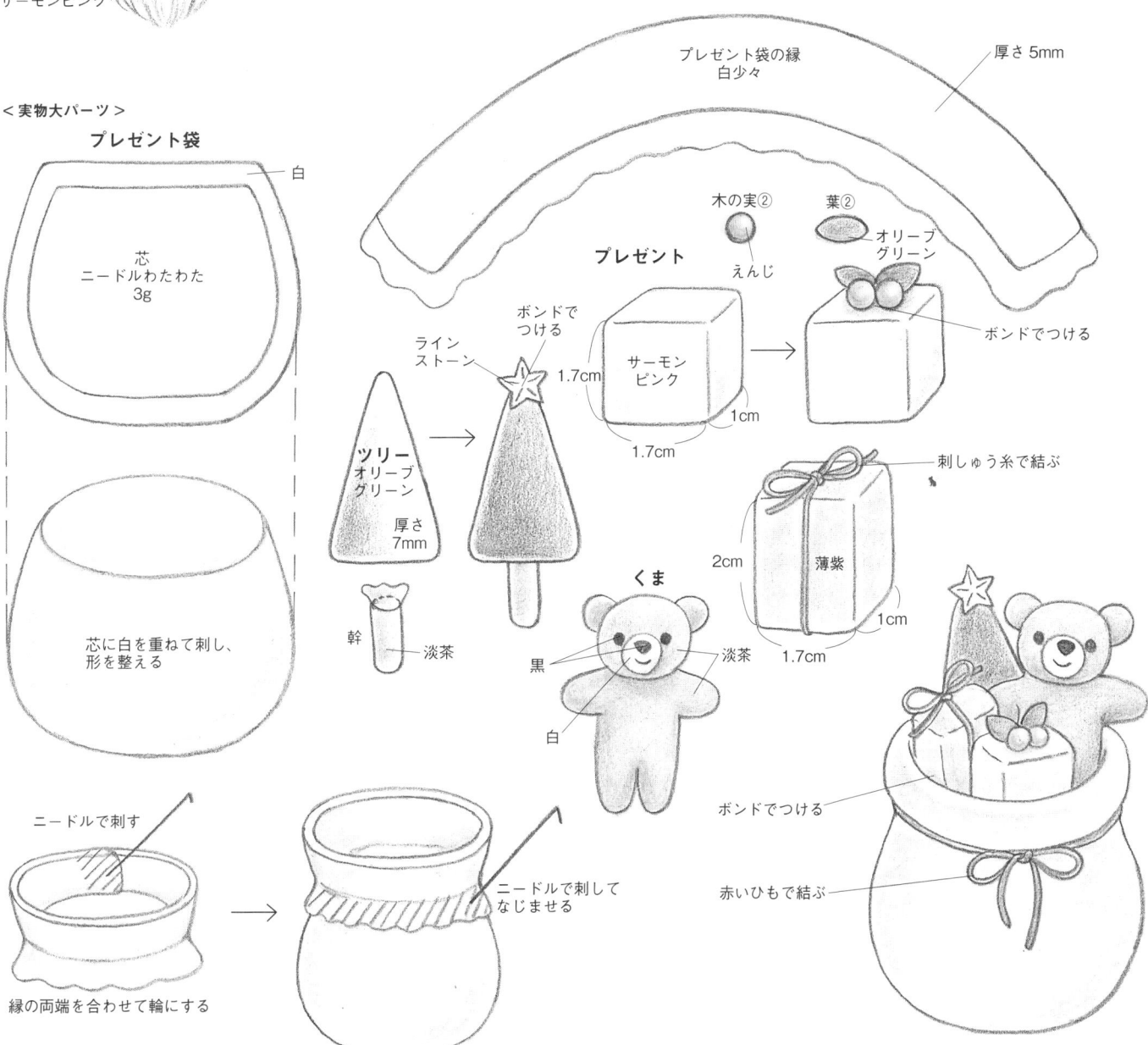

<実物大パーツ>

プレゼント袋

白
芯
ニードルわたわた 3g

芯に白を重ねて刺し、形を整える

プレゼント袋の縁　白少々
厚さ 5mm

プレゼント
木の実②　えんじ
葉②　オリーブグリーン
ボンドでつける

ラインストーン
ボンドでつける
ツリー　オリーブグリーン
厚さ 7mm
幹　淡茶

サーモンピンク
1.7cm
1cm
1.7cm

刺しゅう糸で結ぶ
2cm
薄紫
1cm
1.7cm

くま
黒
淡茶
白

ニードルで刺す
縁の両端を合わせて輪にする
ニードルで刺してなじませる

ボンドでつける
赤いひもで結ぶ

フィンランド FINLAND

「小さなおうちの四季」
26ページの作品

おうち冬…高さ 4.5cm、長さ 10.5cm

[材料] ハマナカフェルト羊毛　フェルケット　ソリッド　白(316)18×17cm、フェルケット　ナチュラルミックス　ベージュ(402)36×20cm、ソリッド　茶色(41)、白(1)、オリーブグリーン(46)、黒(9)、えんじ(24)、ナチュラルブレンド　淡茶(803)、ミックス　赤茶(206)各少々
[その他] フェルティング用マット 16×10cm、星型ラインストーン1個、サンドパウダー

おうち春…高さ 4.5cm、長さ 10.5cm

[材料] ハマナカフェルト羊毛　フェルケット　ソリッド　淡緑(306)18×17cm、フェルケット　ナチュラルミックス　ベージュ(402)36×20cm、ナチュラルブレンド　淡茶(803)、茶色(804)、ソリッド　緑(40)、うぐいす色(3)、ペールイエロー(21)、こげ茶(31)、ミックス　黄緑(213)各少々
[その他] フェルティング用マット 16×10cm、25番刺しゅう糸　ピンク、白各少々

作り方(36ページ参照)
1. 実物大パーツを参照して、各パーツを作る
2. 台座のベースを、冬は白、春は淡緑のフェルケットで包み、台座を作る
3. 家を作る
4. 各パーツを台座の上にボンドでつける
5. 冬の家には、屋根、えんとつ、もみの木に、水で薄めたボンドをぬり、サンドパウダーの雪を降りかける

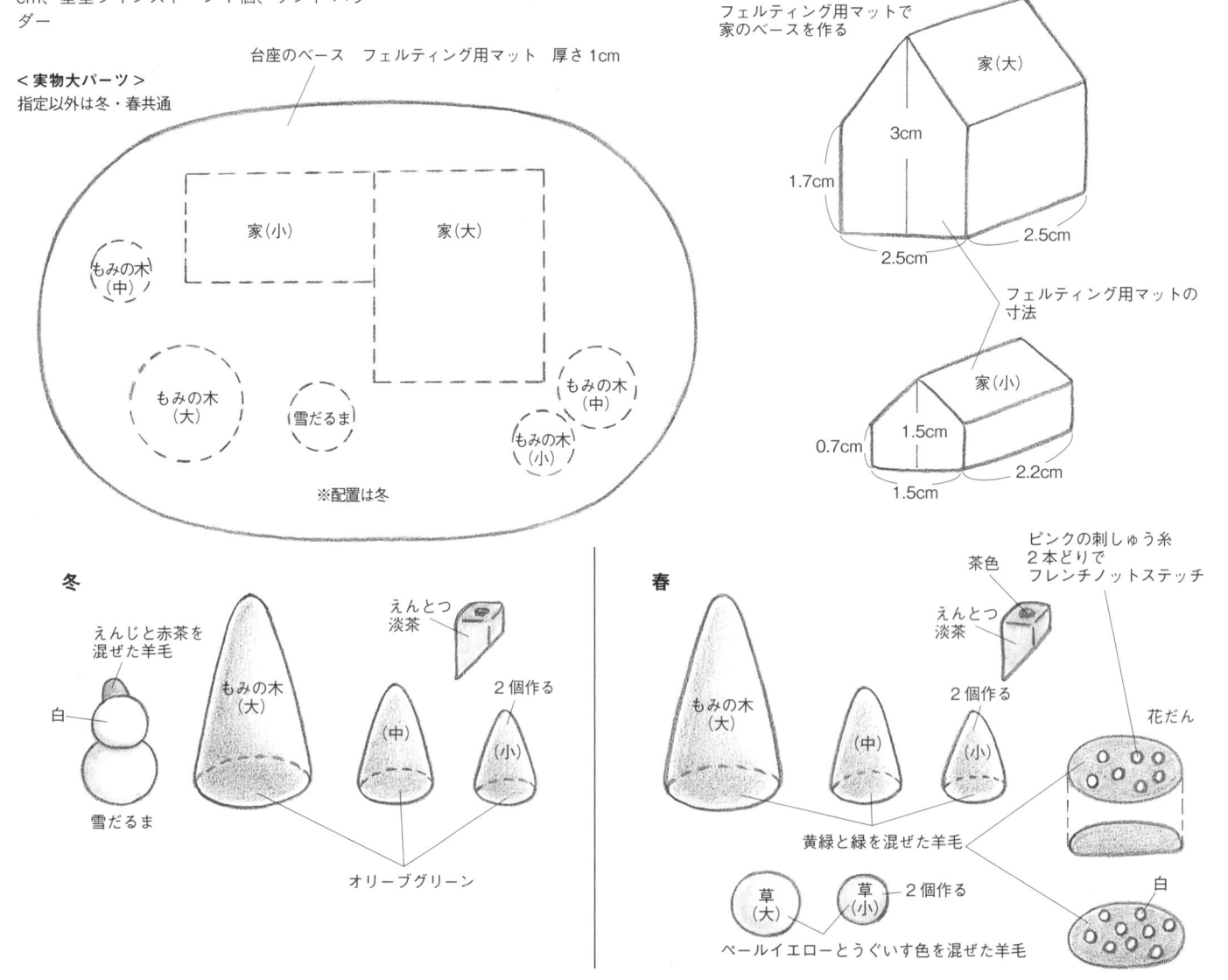

<実物大パーツ>
指定以外は冬・春共通

台座のベース　フェルティング用マット　厚さ1cm

※配置は冬

フェルティング用マットで家のベースを作る

家(大)　3cm　1.7cm　2.5cm　2.5cm

フェルティング用マットの寸法

家(小)　1.5cm　0.7cm　2.2cm　1.5cm

冬

えんじと赤茶を混ぜた羊毛
白
雪だるま
もみの木(大)
(中)
(小) 2個作る
えんとつ 淡茶
オリーブグリーン

春

もみの木(大)
(中)
(小) 2個作る
えんとつ 淡茶
茶色
ピンクの刺しゅう糸2本どりでフレンチノットステッチ
花だん
白
草(大) 草(小) 2個作る
黄緑と緑を混ぜた羊毛
ペールイエローとうぐいす色を混ぜた羊毛

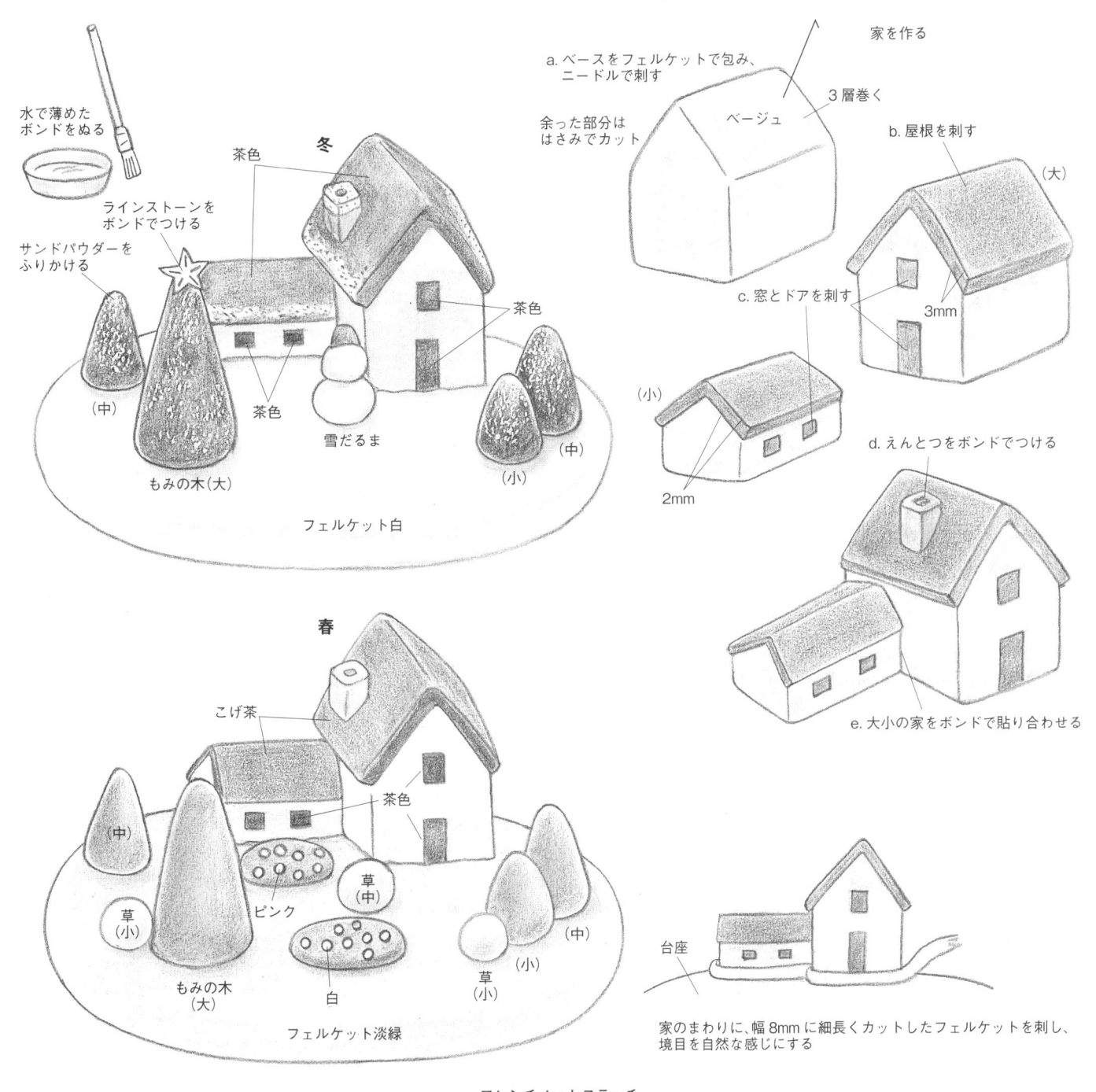

冬

- 水で薄めたボンドをぬる
- サンドパウダーをふりかける
- ラインストーンをボンドでつける
- 茶色
- 茶色
- 茶色
- 茶色
- もみの木(大)
- (中)
- (小)
- (中)
- 雪だるま
- フェルケット白

家を作る

a. ベースをフェルケットで包み、ニードルで刺す
余った部分ははさみでカット
3層巻く
ベージュ

b. 屋根を刺す
(大)

c. 窓とドアを刺す
3mm
(小)
2mm

d. えんとつをボンドでつける

e. 大小の家をボンドで貼り合わせる

春

- こげ茶
- 茶色
- (中)
- もみの木(大)
- ピンク
- 白
- 草(小)
- 草(中)
- 草(小)
- (中)
- フェルケット淡緑

台座

家のまわりに、幅8mmに細長くカットしたフェルケットを刺し、境目を自然な感じにする

フレンチノットステッチ

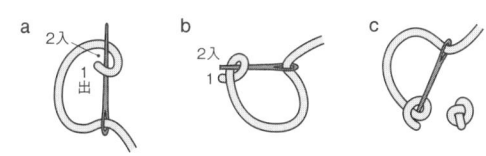

a. 2入 / 1出
b. 2入 / 1
c.

カナダ CANADA

「森とくま」
27ページの作品

森とくま…高さ6cm、長さ14.5cm
[材料] ハマナカフェルト羊毛　フェルケット　ナチュラルミックス　ベージュ(402) 20×15cm、キャメル(403) 15×6cm、ソリッド　緑(40)4g、黒(9)2g、こげ茶(31)、ナチュラルブレンド　茶色(804)各少々
[その他] フェルティング用マット 15×5cm、丸小ビーズ黒2個

作り方(36ページ参照)
1. 台座を作る
2. 実物大パーツを参照して、各パーツを作る
3. 木を5本作る
   本体に幹をボンドでつける
4. くまを作る
   a. 胴体に頭をつける
   b. 胴体に足をつける
   c. 耳をつけ顔を作る
   d. しっぽをつける
5. 台座にボンドで木とくまをつける

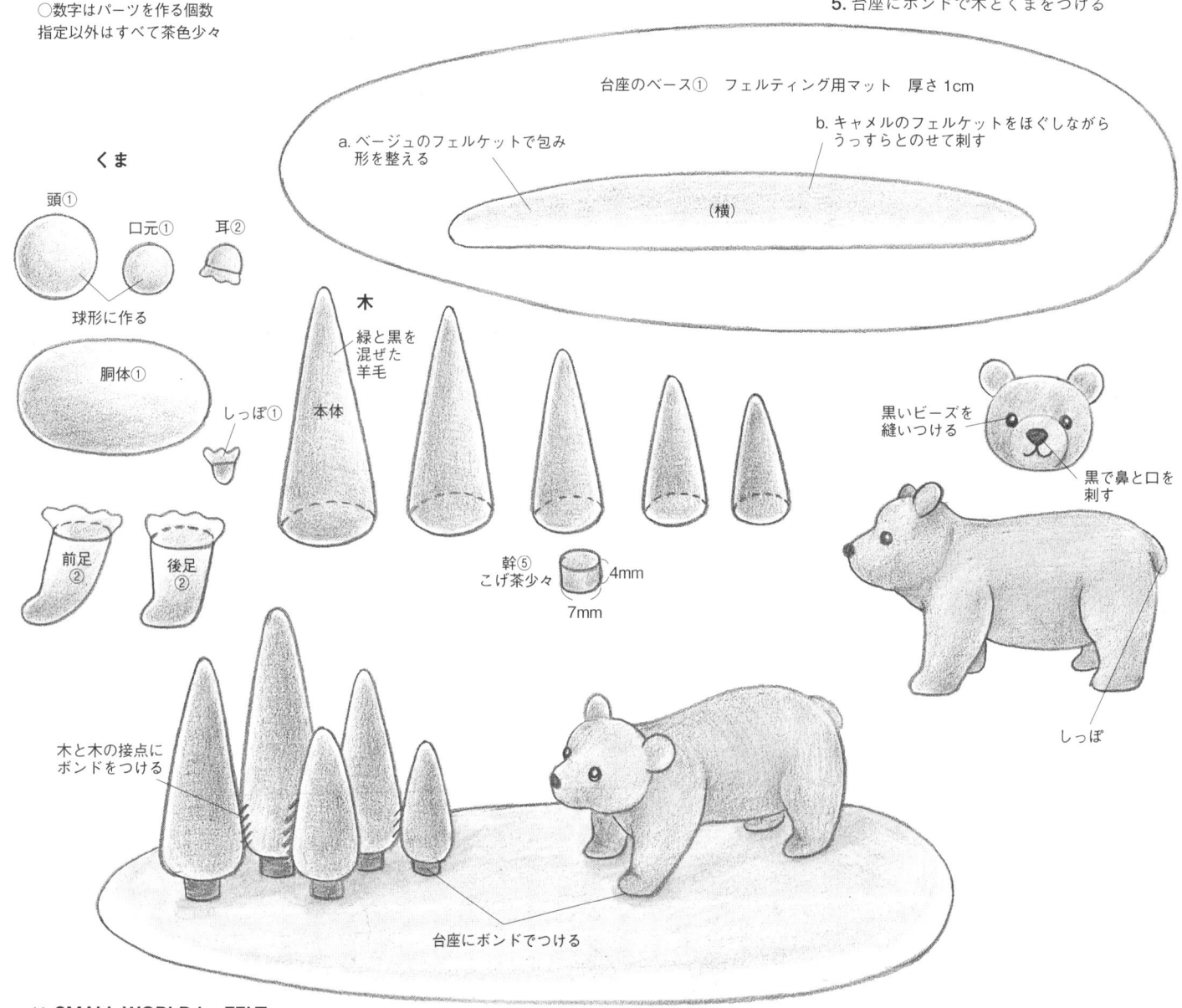

＜実物大パーツ＞
○数字はパーツを作る個数
指定以外はすべて茶色少々

台座のベース①　フェルティング用マット　厚さ1cm
a. ベージュのフェルケットで包み形を整える
b. キャメルのフェルケットをほぐしながらうっすらとのせて刺す
(横)

くま
頭①　口元①　耳②
球形に作る
胴体①
しっぽ①
前足②　後足②

木
緑と黒を混ぜた羊毛
本体

幹⑤
こげ茶少々
4mm
7mm

黒いビーズを縫いつける
黒で鼻と口を刺す
しっぽ

木と木の接点にボンドをつける
台座にボンドでつける

66 SMALL WORLD by FELT

ドイツ GERMANY

「テディベアとお城」
28ページの作品

淡茶テディベア…高さ9.5cm
[材料] ハマナカフェルト羊毛　ナチュラルブレンド　淡茶(803)18g、茶色(804)、ソリッド　黒(9)各少々
[その他] ハマナカソリッドアイ　直径4.5mm黒各2個、細ひも　茶色、赤茶各25cm

作り方(38ページ参照)
1. 実物大パーツを作る
2. 胴体に頭をつける
3. 手足をつける
4. 顔に口元をつけ、顔を作る(目、鼻、口)
5. 耳をつける
6. 手足の先を仕上げる
7. 首にリボンを結ぶ

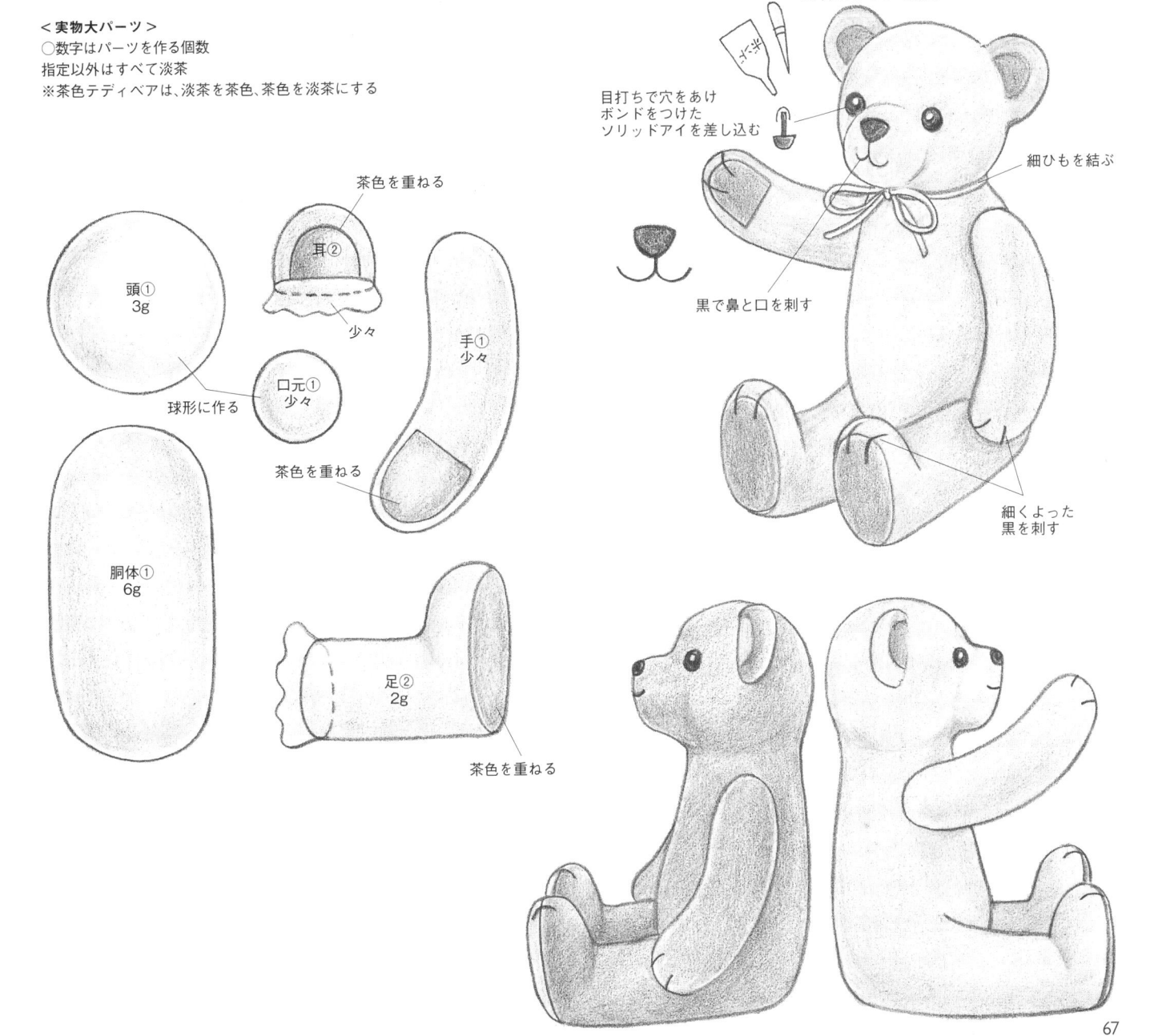

<実物大パーツ>
○数字はパーツを作る個数
指定以外はすべて淡茶
※茶色テディベアは、淡茶を茶色、茶色を淡茶にする

頭①
3g
球形に作る

茶色を重ねる
耳②
少々

口元①
少々

手①
少々
茶色を重ねる

胴体①
6g

足②
2g
茶色を重ねる

目打ちで穴をあけボンドをつけたソリッドアイを差し込む

細ひもを結ぶ

黒で鼻と口を刺す

細くよった黒を刺す

67

お城…高さ 7.8cm、長さ 9.5cm
[材料] ハマナカフェルト羊毛　フェルケット　ソリッド　淡緑(306) 16×17cm、フェルケット　ナチュラルミックス　生成り(401) 30×30cm、ナチュラルブレンド　茶色(804)、ソリッド　オリーブグリーン(46)、ミックス　黄緑(213)各少々
[その他] フェルティング用マット 15×7cm

作り方(36ページ参照)
1. 実物大パーツを参照して、ベースの型を作る
2. 1の型をフェルケットで包んでベースを作る
3. お城のパーツを4個作る
4. 4個のパーツをボンドでつける
5. お城の底にボンドをつけ、ベースにつける
6. お城のまわりに森を作る

〈実物大パーツ〉

台座のベース　フェルティング用マット　厚さ 8mm

お城の位置

森

フェルティング用マットをカットする

2.5cm
1.7cm
1.5cm
4.3cm

ニードルで刺し、まとめる
(底)

余分はカットする

台座の作り方

実物大にカットしたフェルティング用マット

ベースの型

厚さ 8mm にカット

カッターで角をぐるりと切り落とす

フェルケットで包む
淡緑

ベースの型
(底が上になるように置く)

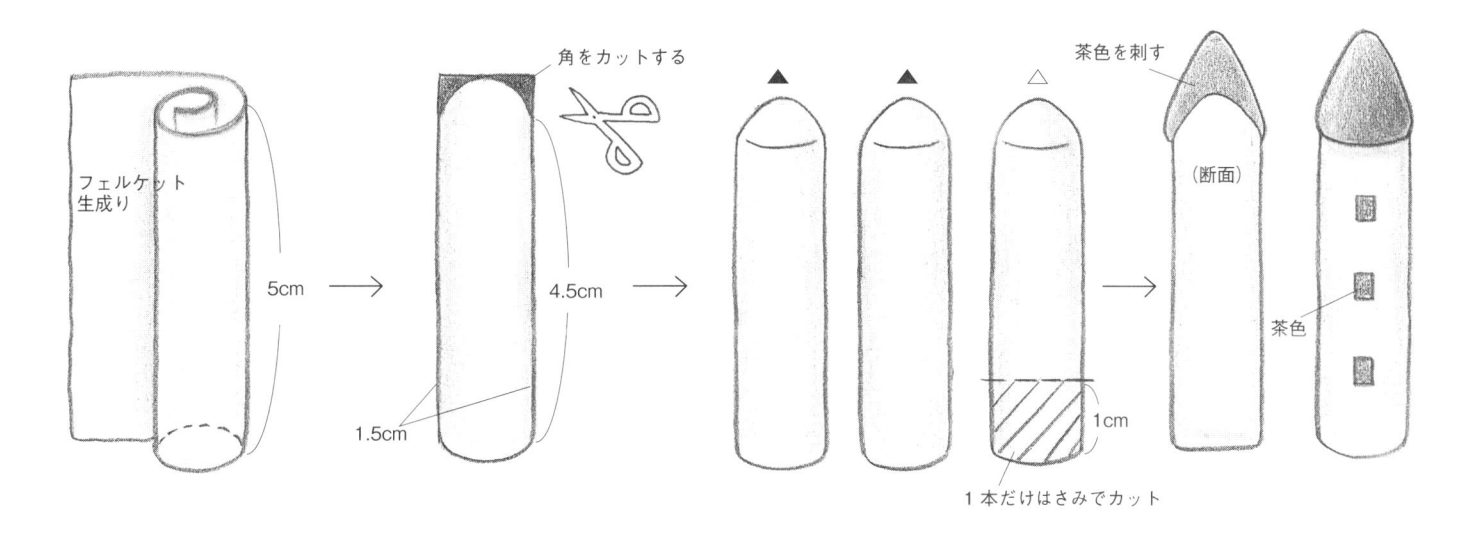

フェルケット
生成り

5cm

角をカットする

4.5cm

1.5cm

▲ ▲ △

1cm

1本だけはさみでカット

茶色を刺す

（断面）

茶色

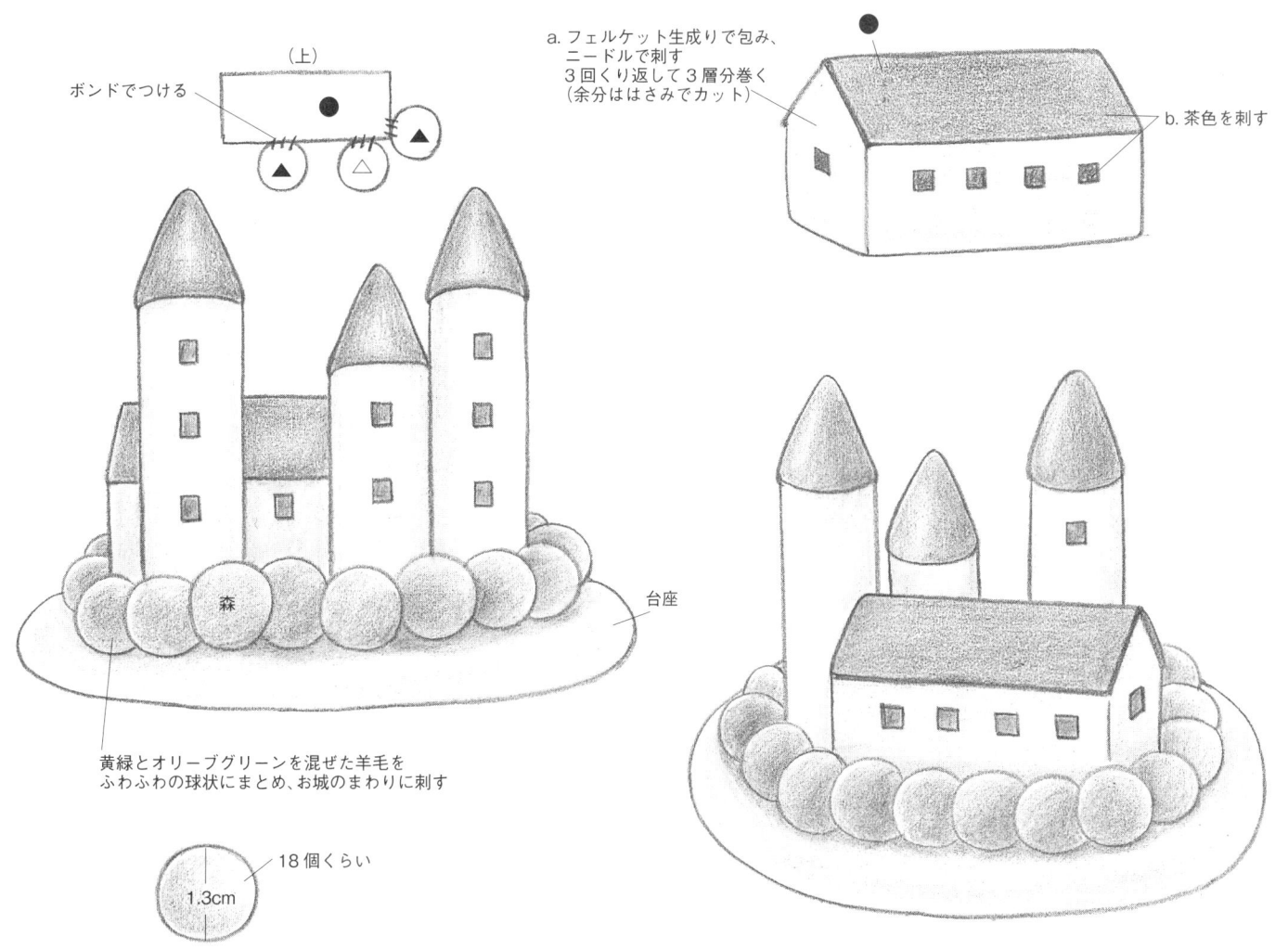

ボンドでつける

（上）

▲ △

a. フェルケット生成りで包み、
ニードルで刺す
3回くり返して3層分巻く
（余分ははさみでカット）

b. 茶色を刺す

森

台座

黄緑とオリーブグリーンを混ぜた羊毛を
ふわふわの球状にまとめ、お城のまわりに刺す

1.3cm

18個くらい

フランス FRANCE

「パリ・ストラップ」
30ページの作品

エッフェル塔のストラップ…高さ5.5cm
[材料] ハマナカフェルト羊毛　ナチュラルブレンド　グレー(805)2g、濃グレー(806)少々、ソリッド　白(1)、青(4)、えんじ(24)各少々
[その他] ハマナカ金具付ストラップコード白・銀(H230-124-3)1本

フランスパンのストラップ…高さ5.5cm
[材料] ハマナカフェルト羊毛　ソリッドベージュ(29)、白(1)、青(4)、えんじ(24)、ミックス　赤茶(206)　ナチュラルブレンド淡茶(803)各少々
[その他] ハマナカ金具付ストラップコード白・銀(H230-124-3)1本

<実物大パーツ>
※パーツは固めに仕上げる

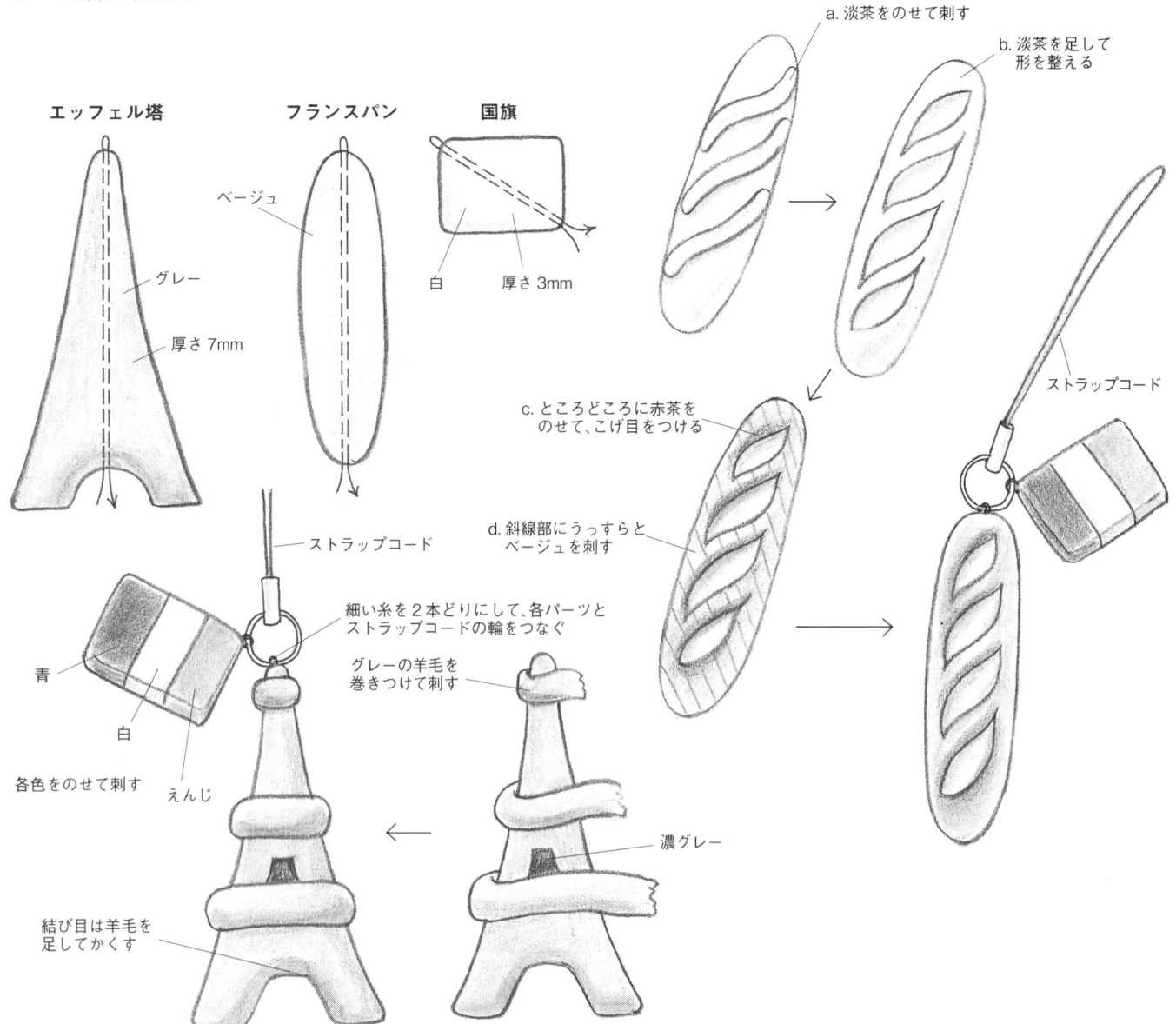

エッフェル塔
グレー
厚さ7mm

フランスパン
ベージュ

国旗
白
厚さ3mm

a. 淡茶をのせて刺す
b. 淡茶を足して形を整える
c. ところどころに赤茶をのせて、こげ目をつける
d. 斜線部にうっすらとベージュを刺す

ストラップコード

青
白
えんじ
各色をのせて刺す

ストラップコード

細い糸を2本どりにして、各パーツとストラップコードの輪をつなぐ

グレーの羊毛を巻きつけて刺す

濃グレー

結び目は羊毛を足してかくす

70 SMALL WORLD by FELT

イギリス UK
「ロンドン・ストラップ」
31ページの作品

フォックステリアのストラップ…高さ5.5cm

[材料] ハマナカフェルト羊毛　ソリッド　白(1) 3g、茶色(41)、えんじ(24)、青(4)、ミックス　栗色(220)各少々
[その他] ハマナカ金具付ストラップコード黒・金(H230-124-1)1本

兵隊さんのストラップ…高さ6.3cm

[材料] ハマナカフェルト羊毛　ナチュラルブレンド　ハーブカラー　クリーム(811) 4g、ミックス　栗色(220)少々、ソリッド　えんじ(24) 2g、黒(9)、白(1)、紺(39)、ペールピンク(36)各少々
[その他] ハマナカ金具付ストラップコード黒・金(H230-124-1)1本

作り方

フォックステリア&国旗
1. 実物大パーツを参照して、各パーツを作る
2. テリアに茶色、栗色の順で模様を入れ、耳をつける
3. 国旗にライン模様を入れる

兵隊さん&バス
1. 実物大パーツを参照して、各パーツを作る
2. 兵隊の本体に羊毛を足して形作り、足をつける
3. 帽子、髪の毛、顔、服の羊毛をのせて刺す
4. バスに窓とラインを刺し、タイヤをつける

共通
縫い糸を2本どりにして各パーツとストラップコードの輪をつなぐ。結び目は羊毛を足してかくす

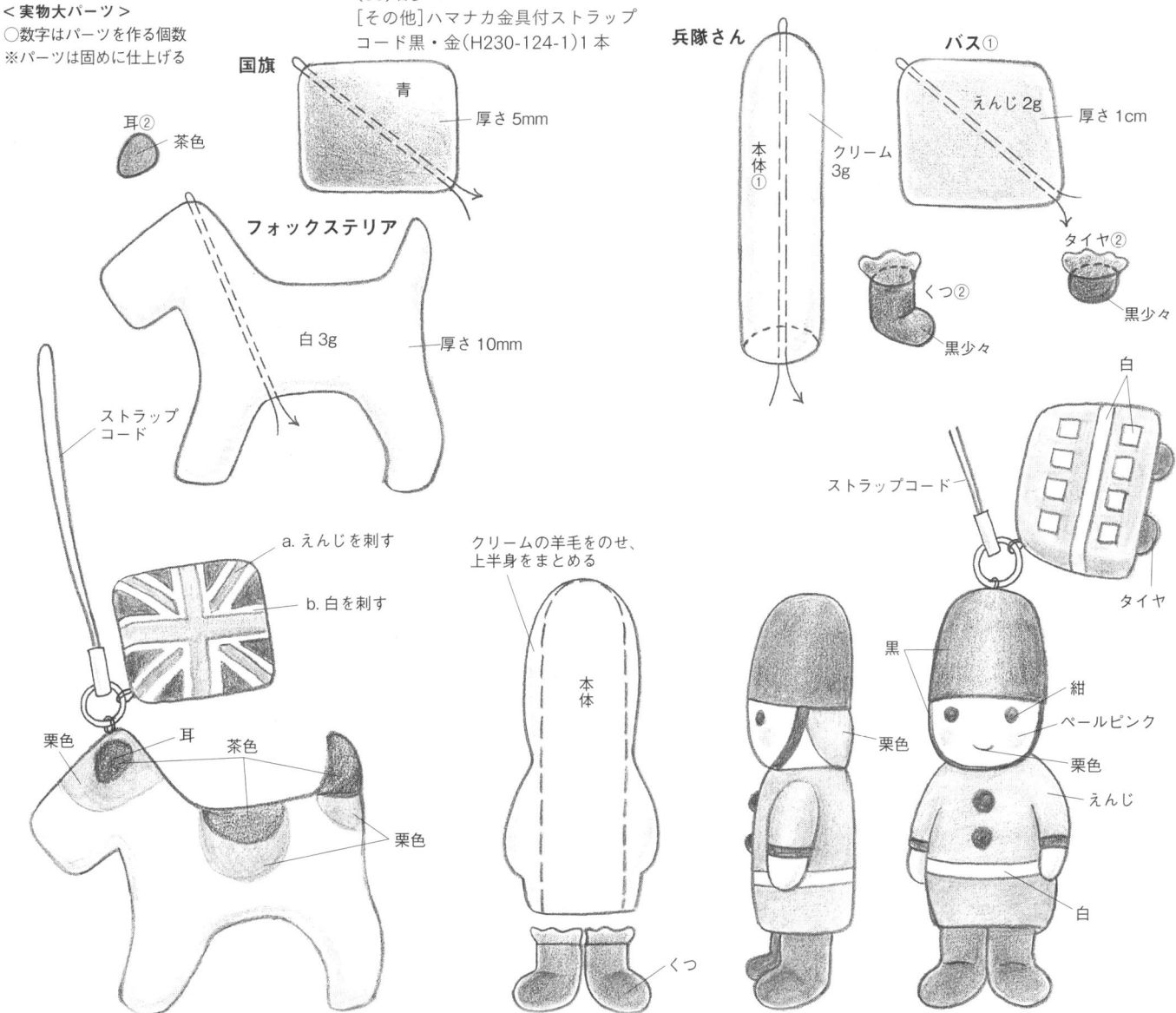

＜実物大パーツ＞
○数字はパーツを作る個数
※パーツは固めに仕上げる

[STAFF]
撮影／渡辺淑克
スタイリング／井上輝美
ブックデザイン／寺山文恵
作り方解説・イラスト／鴻巣博子
編集協力／金香
編集／エヌ・ヴィ企画　青木久美子

[撮影協力]
アワビーズ
東京都渋谷区千駄ヶ谷 3-50-11 明星ビルディング 5F　TEL 03-5786-1600
プロップスナウ
東京都港区白金 2-1-1 パセオ三光坂 1F　TEL 03-3473-6210

あなたに感謝しております We are grateful.

手づくりの大好きなあなたが、この本をお選びくださいまして
ありがとうございます。
内容はいかがでしょうか？　本書が少しでもお役に立てば、
こんなにうれしいことはありません。
日本ヴォーグ社では、手づくりを愛する方と
のおつき合いを大切にし、ご要望におこたえする商品、
サービスの実現を常に目標としています。
小社及び出版物について、何かお気付きの点やご意見がございましたら、
何なりとお申し出ください。
そういうあなたに私共は常に感謝しております。
株式会社日本ヴォーグ社社長　瀬戸信昭
FAX 03-3269-7874

本誌に掲載する著作物の複写に関わる複製、上映、譲渡、公衆送信（送信可能化を含む）の各権利は株式会社日本ヴォーグ社が管理の委託を受けています。
● JCOPY <(社) 出版者著作権管理機構　委託出版物>
本書の無断複写は著作権法上での例外を除き禁じられています。複写される場合は、そのつど事前に、(社) 出版者著作権管理機構（電話 03-3513-6969、FAX 03-3513-6979、e-mail: info@jcopy.or.jp）の許諾を得てください。
●落丁・乱丁本は、小社負担でお取り替えいたします。

神奈川県生まれ。文化女子大学 生活造形学科卒業後、ぬいぐるみメーカーに入社し、企画・デザインを担当。1995年より手芸作家として独立。テディベア、ぬいぐるみ、フェルト雑貨のキットデザイン等を雑誌や書籍などで発表する。温かみや優しさが感じられる作品作りに定評がある。各カルチャーセンターでフェルト教室を開講
著書「羊毛フェルトで作る小さな動物たち」「羊毛フェルトで作る小さな犬」（共に主婦の友社）
http://www.susa3203.web.officelive.com

フェルト羊毛でめぐる 小さな世界旅行
発行日／2010 年 5 月 27 日
発行人／瀬戸信昭　編集人／小林和雄
発行所／株式会社日本ヴォーグ社
〒162-8705　東京都新宿区市谷本村町 3-23
TEL 03-5261-5081(販売)
編集／株式会社エヌ・ヴィ企画　TEL 03-5228-5642
振替／00170-4-9877
出版受注センター／ TEL 048-480-3322　FAX 048-482-2929
印刷所／凸版印刷株式会社
Printed in Japan ©Sachiko Susa 2010
ISBN978-4-529-04846-0

ハンドクラフトを楽しむウェブサイト「手づくりタウン」
http://www.tezukuritown.com

＊印刷物のため、実際の色とは色調が異なる場合があります。

詳しい資料・図書目録を無料でお送りします。

内　容	ホームページ	電　話
通信販売	http://book.nihonvogue.co.jp/needle/index.jsp	0120-789-351 9:00～17:00 日・祝休
通信講座	http://school.nihonvogue.co.jp/tsushin/	
出版物	図書目録の内容も見られます。 http://book.nihonvogue.co.jp/	
教室紹介	6つのクラフトサークルをおすすめします。 http://school.nihonvogue.co.jp/craft/	0120-247-879 9:00～17:00 土・日・祝休
ヴォーグ学園	http://gakuen.nihonvogue.co.jp/	03-5261-5085
自費出版	http://book.nihonvogue.co.jp/self/index.jsp	03-5261-5139

ファクシミリはこちら ▷▷ 03-3269-7874
便利な入り口はこちら ▷▷ http://www.tezukuritown.com/　手づくりタウン　検索

SMALL WORLD by FELT